父母也會犯錯

好孩子不是罵出來的！

培育文化 生活成長 53

父母也會犯錯：好孩子不是罵出來的！

編　　著　張婉宜
責任編輯　林秀如
內文排版　王國卿
封面設計　姚恩涵

出版者　培育文化事業有限公司
信箱　yungjiuh@ms45.hinet.net
地址　新北市汐止區大同路3段194號9樓之1
電話　（02）8647-3663
傳真　（02）8674-3660
劃撥帳號　18669219
CVS代理　美璟文化有限公司
TEL／(02)27239968
FAX／(02)27239668

總經銷：永續圖書有限公司
永續圖書線上購物網
www.foreverbooks.com.tw

法律顧問　方圓法律事務所　涂成樞律師
出版日期　2015年12月

國家圖書館出版品預行編目資料

父母也會犯錯：好孩子不是罵出來的！/
張婉宜編著. -- 初版. -- 新北市 : 培育文化,
民104.12　面 ;　公分. -- (生活成長 ; 53)
ISBN 978-986-5862-71-8(平裝)
1. 親職教育　2. 子女教育
528.2　104021766

序言

美好的性格才能成就美好的人生，樹立孩子正確積極的人生態度，才能讓他轉弱為強，轉危為安。

同樣的社會背景，同樣的家庭環境，同樣的生活機遇，同樣的智商，然而最後有的人成功了，有的人失敗了。為什麼？有人說這是宿命，有人說這是機緣，其實不然，這其實是性格的力量，因為性格決定命運，孩子的性格決定了他的人生成敗。

每個孩子都是父母的心頭肉，如果可以，父母希望永遠都能保護他。但總有一天孩子脫離了父母的羽翼，我們還能為他做什麼呢？

本書的目的，是幫助您教導孩子學習樂觀開朗、勤於思考、謙虛自制、誠信合作的心態，並應用這樣的正面思考，作為成長過程的準則。

帶著你的孩子，讓我們一起面對成長吧。

目 錄

第1章 以樂觀應對成長的苦惱

樂觀的孩子往往對未來充滿了希望，悲觀的孩子則總是覺得沒有希望。但是人的性格是在後天環境中逐步形成的。樂觀的性格可以透過實際執行來培養，悲觀的性格也可以從改變思維下手，漸漸脫離。

CONTENTS

第2章 以獨立自主開啟成長的大門

對於成長中的孩子來說，自信心絕對不只是一個空洞的口號，而是必須具備的素質之一。父母一定要努力讓它紮根在孩子的靈魂深處！

目錄

第3章 以謙虛自制的性格體驗成長的美麗

驕傲是一種很糟糕的心理，特別是聰明的孩子經常容易產生驕傲自滿的情緒，父母應該給予正確的引導，使他們心理健康發展。

CONTENTS

目錄

第5章 以思考追求成長的智慧

父母要鼓勵孩子勇敢發表自己的看法，在孩子發表自己的意見時，哪怕是錯誤的，父母也應讓他說完，然後再給予恰當的指導。

CONTENTS

第6章 以寬容諒解走出成長的狹隘

讓孩子學會從別人的角度看問題，並且承認對方有表達自己看法的權利，不僅可以瞭解別人，贏得友誼，而且，會與別人有更良好地溝通。

目錄

第7章 以積極進取增加成長的資本

每個人都明白凡事都不可能一蹴而幾的道理，想進步固然是好的，但不能要求任何事都一次完成。每天完成一點點，每天也就距離理想、目標更近一點點。

1

以樂觀應對成長的苦惱

我們對受害程度的認定，其實可以歸結於人們面對災難時所採取的態度，只要受害者內心的想法可以從恐懼轉為發憤圖強，壞事就可能會變成令人鼓舞的好事。

所以當我們嘗試過避免災難降臨，最後卻沒有得到成功，就試著換個角度思考，樂觀地面對災難，它的毒刺也往往會凋落，幻化成一株真正美麗的花。

樂觀面對人生

學會保持樂觀、開朗的情緒，對孩子來說是非常重要的訓練。

一般而言，當滿足自己需要的事件發生時，人類會自然而然地產生諸如：滿意、高興、喜悅、愛慕的積極情緒；相反地，如果自己的需要無法得到滿足，就會產生痛苦、憂愁、厭惡、恐懼、憎恨的消極情緒。

積極的情緒體驗能夠激發人體的潛能，使其保持旺盛的體力和精力，維護心理健康；消極的情緒體驗只能使人意志消沉，有害身心健康。

關於樂觀這件事，法國作家阿蘭佩雷菲特認為，人應該把快樂的智慧用於和煩惱做各式各樣的鬥爭，他認為：「煩惱是我們患的一種精神上的近視，

應該向遠處看並保持積極樂觀的心態，這樣我們的腳步就會更加堅定，內心也就更加泰然。」

事實正是如此，樂觀是一種性格傾向，使人能看到事情比較有利的一面，並對最有利的結果充滿期待。兒童心理學家認為，樂觀不但是迷人的性格特徵，還有更神奇的功能，它能使人對生活中的許多困難產生心理上的免疫力。樂觀的孩子不容易得到憂鬱症，不但更容易獲得成就，身體也比悲觀的孩子更健康。

樂觀與悲觀的人最大區別就在於，當有利或不利事件發生時，這兩種人對發生原因的認定。樂觀主義者認為，有利的、令人愉快的事情總是永久的、普遍的，他們能夠促使好事發生；而一旦不利事件發生，也能視為是暫時的。

悲觀主義者則認為，好事總是暫時的，壞事才是永遠的。在解釋壞事發生的原因時，他們不是責怪自己，就是諉過別人。

思維心理學專家指出：「樂觀是成功的一大要訣。」他說，失敗者通常有一個「悲觀解釋事物」的方式，即遇到挫折時，總會在心裡對自己說：「生命就是這麼無奈，努力也是徒然。」由於常常運用這種悲觀的方式解釋事物，無意中就喪失了鬥志，不思進取了。因此，身為父母要重視培養孩子樂觀的習慣。

樂觀是孩子對未來充滿信心、有希望、而又不斷進取的個性特徵。孩子對於能夠滿足自己需要的事件，會產生積極的情緒，而對無法滿足自己需要的事物則會產生消極的情緒。

樂觀的性格是孩子應對人生中悲傷、不幸、失敗、痛苦等負面事件的有力武器。如果孩子無法樂觀地面對人生，就容易意志消沉，對前途喪失信心，而且長久下去，還會損害身體健康。

值得慶幸的是，孩子樂觀的性格是可以培養的。早期誘發理論認定：人的性格是在後天環境中逐步形成的，樂觀的性格可以透過實際執行來培養，悲觀的性格也可以從改變思維下手，漸漸脫離。

那麼，培養孩子樂觀的性格，應該從哪些方面做起呢？

【建議一】引導孩子擺脫困境

每個孩子都會碰到不如意的事情，即使天性樂觀的孩子也是如此。當他遇到困境時，父母要多留心孩子的情緒變化，如果孩子悶悶不樂，父母無論自己多忙，也要擠出一點時間和孩子交談，教育孩子學會忍耐並堅強面對所有困難，鼓勵孩子凡事多往好的方面想，避免老是以消極的態度思考。

父母一定要注意觀察孩子的情緒，只要孩子願意與父母溝通，父母就要引導孩子把心中的煩惱說出來，這樣，煩惱才會消失，孩子也才能恢復快樂。

當然，父母也可以幫助孩子克服一些困難，教導孩子正確的態度和方法來保持樂觀的情緒，這些都是促使孩子擺脫消極情緒的好方法。

【建議二】言傳身教，潛移默化

父母在教育孩子的過程中，首先自己要做個樂觀的人。每個人在工作、

生活中都會遇到各種困難，父母處理困境的心態會直接影響孩子的做法。如果父母能以身作則，在面對困境、挫折時保持自信、樂觀，奮發向上，孩子也會受父母的影響，在遇到困難時，樂觀地去面對。

平時，父母應該多向孩子灌輸樂觀的思考模式，讓孩子有這樣的觀念：令人快樂的事情總是永久的、經常發生的；雖然有不愉快的事情發生，那也只是暫時的，並不會經常性的發生，只要樂觀地對待，生活仍然是美好的。

例如，碰到週末要加班，就要對孩子說：「今天媽媽要去公司加班，這表示媽媽很受公司重視喔，所以工作很多很忙。」而不要對孩子說：「累死了，媽媽今天又要加班去了。」

不管怎樣對孩子說明妳的情況，加班的事實無法改變，但是給孩子的感覺卻不一樣。當跟孩子說：「今天媽媽要去公司加班，這表示媽媽很受公司重視喔。」孩子會覺得媽媽很能幹，在公司是核心人物。

如果對孩子說：「累死了，媽媽今天又要加班去了。」孩子會覺得妳是

不願意加班而不得不去，這就讓孩子留下了不快樂的陰影。

【建議三】允許孩子自由地表現悲傷

孩子在遇到困境時，往往會表現出悲傷，而父母應該允許孩子自由地表現悲傷。如果孩子在哭泣的時候，父母要求孩子停止哭泣不能表現出軟弱，孩子就會把心中的悲傷累積起來，久而久之，反而造成孩子的消極心態。

對於孩子表現出的悲傷或軟弱，父母應該避免呵斥，而是要讓孩子盡情地發洩心中的鬱悶，只要孩子發洩夠了，他自然會恢復心情的平衡。當然，如果孩子需要父母的幫助，父母應該及時安慰孩子，用相同的心理去感受孩子的情緒，努力引起孩子的情感共鳴，藉此緩解孩子的不良情緒。

【建議四】對孩子進行希望教育

樂觀的孩子往往對未來充滿了希望，悲觀的孩子則總是覺得沒有希望，因此父母要對孩子進行希望教育。希望教育是一項細緻的工程，需要父母及時地感受到孩子的沮喪和憂愁，幫助孩子驅散心中的陰影。

父母要多引導孩子看到自己的進步和成績，鼓勵孩子想像自己的美好未

來，讓孩子對自己的未來充滿希望。只要對未來充滿了希望，孩子必定會以樂觀的心態去面對生活中的事情。

【建議五】豐富孩子的精神生活

豐富孩子的精神生活可以讓孩子把注意力轉移到其他事情上。一方面，父母要鼓勵孩子廣泛地閱讀，讓孩子在閱讀中增加知識，陶冶性情。可以選擇閱讀偉人的故事、童話、小說等文學作品。另一方面，父母要鼓勵孩子多交朋友，為孩子創造與同齡人交往的機會，如帶孩子到鄰居家串門子，邀請其他孩子到家裡來玩，讓孩子多到同學家去玩等。

另外，父母可多安排一些活動，例如帶孩子外出遊玩，也可讓孩子做一些創造性的活動，如利用廢棄物製作小作品，透過豐富孩子的精神生活，讓孩子在各種活動中體會到生活的樂趣，增強對生活的信心，培養孩子樂觀的性格。

當孩子參加活動時，可以鼓勵孩子主動提問，主動要求、主動學習。緊接著，當孩子開始主動行動了，父母要用表揚、獎勵等方法強化孩子的自主觀念。

孩子主動去做，但不一定代表會成功。而父母要給予激勵，告訴孩子：「人生不如意事十有八九」。失敗了一次不要緊，失敗是成功之母。讓孩子接觸各類事物，當碰到的事情多了，眼界自然寬廣，心胸就會開闊，悲觀思想便不容易產生了。

給自己一個正面的心態

人生是一個漫長的旅程，我們每個人都想為它劃上一個圓滿的結局，然而，一些意想不到的挫折失敗時時刻刻總會猝不及防地襲來，人生路上的崎嶇和坎坷也是我們無法避免的。或許在學習上遇到困難，或許是工作中受到挫折，亦或許在生活上遭到不幸、事業上遭到失敗，這些都有可能發生。面對這些，我們唯一能做的就是：微笑面對不如意，把沒有做完的事繼續做下去，把不幸變成幸運，把抱怨轉化為感恩，把失敗轉為成功。

偉大的胸懷，應該表現出這樣的氣概——用笑臉來迎接悲慘的命運，用百倍的勇氣來應付自己的不幸。所以，在我們的生活中，倘若遭遇到不幸，

就應鼓起勇氣，振作精神，以剛毅的精神和厄運進行不屈的鬥爭。因為通向成功之路並非一帆風順，有失才有得，有大失才能有大得。

在國際商界中流傳著關於一位女性企業家的真實故事。

早年，一個單純的年輕女孩香儂離開家鄉想出門闖蕩。然而在家千般好，出門一日難，在人生地不熟的大城市裡，為了儘快賺得「第一桶金」，她開始做起了服裝批發生意。幾年過去後，她也累積了一定的資本，一心想把事業做大的她不甘於眼前的利益，決心擴大投資規模，向更高的人生目標邁進。

機遇終於來到，在一次偶然的旅行中她遇到了一位遺失錢包的地質教授，熱心腸的她立刻伸出援手幫助教授擺脫了困境。後來從這位教授口中她瞭解到北方有油田允許民營開發的資訊，受到教授的鼓勵，她放棄了服裝批發生意，轉向石油開採投資。

原油開發生產，是一直在服裝業浮沉的她從未接觸過的行業，說起這一行業的風險，連最成功的「盲目開掘油井者」，被譽為美國石油大王的瓊．保羅．格蒂也認為石油開發靠的是運氣。原油開發過程中香儂的運氣一開始

並不好，問題層出不窮，一波三折命途多舛。

越大的生意就需要越大的投入，這一點是無論如何都不會錯的，但香儂的付出不僅是經濟上的，也有精神上的，而且異常沉重。創業早期，她和丈夫一起變賣了所有的財產，一起來到油田開採區，確定勘探位址後便以荒原為家，日夜駐守在鑽塔前的帳蓬裡，既當老闆又當工人，與所雇的鑽井工人一起幹活，白天一身泥水，夜晚和衣而眠。由於丈夫身體不好，香儂不僅擔任工地總指揮，同時負責材料供應和後勤工作，整日奔忙在風沙滾滾的荒原上。

由於疲勞過度加上高溫中暑，香儂的丈夫不久病逝，全部重擔便落在她身上，這使她不得不重新審視自己當初抉擇的正確性。最後，她痛定思痛，下定決心，把自己的命運和油井拴在一起，發誓要戰勝厄運，走向成功。對成功的執著追求，成為香儂全部的精神支柱，支撐著她迎接不斷來襲的嚴重困難。

轉眼一年過去，這名經過千辛萬苦成長過程的女孩，再次面對無法預料的問題。恰好在丈夫週年祭日這一天，即將完工的鑽井突然發生故障，鑽杆被井壁死死卡住，無論採用什麼辦法都轉動不了，鑽井工人費盡心思也無法將其啟動。

眼看大筆的投資在最後時刻就要付諸東流，但香儂面對困難不畏縮，身處逆境不絕望，敢於堅持到底，因為她知道只有堅持到底，才能看到勝利的曙光。

於是她在錢糧告罄之際四處求援，經過努力，終於絕處逢生，最終順利度過了難關。鑽杆重新啟動之後，鑽井也終於完成，滾滾而出的原油成為對香儂創業精神的最大褒獎。

這個故事告訴我們，如果把對失敗的畏懼如頑石一般堆積在心裡，每每面對那些頑石堆起堅不可摧的重重障礙感到寸步難行，你的一生就只能在畏懼中度過。然而問題遠沒有你想像得那麼多，只要堅持下去，就沒有跨不過的障礙。

其實，成功也好，失敗也罷，人還是要繼續生活，還是得面對選擇和挑戰。前方的路，事事難料，不如對自己抱持一種正面的心態。

莉莎隨軍官丈夫駐防在非洲靠近沙漠的營地裡，那裡軍營的生活條件很差，他們居住的木屋總是悶熱難當，就算是陰涼一點的地方氣溫也在三十度以上，狂風裹挾著沙土總是呼呼地吹個不停。

軍營裡沒有幾個家眷，周圍住的又全是不懂英語的土著居民，生活毫無色彩，日子實在難熬。而且丈夫經常要出去執行各式各樣的任務，一個人在家的莉莎總是感到非常寂寞，非常難熬。於是她寫信對遠方的父親傾訴。

回信很快就收到了，信中寫了這麼一句話：「有兩名罪犯從監獄裡眺望窗外，一個看到的是高牆和鐵窗，一個看到的是月亮和星星。」莉莎拿著信看了又看，想了又想，覺得說得很對。她振作起精神說，「我這就去找星星和月亮。」

莉莎開始和當地人交朋友，並請他們教她烹飪當地的食品，學習用泥土做成陶器。一開始想要獲得信任是有些艱難的，但他們很快就熱情地接受了她，莉莎也開始融入當地人的生活之中，並且一步一步迷上了這裡的風土人情。

不久之後，莉莎還開始研究起曾經讓自己無比厭煩的沙漠。很快，沙漠在她眼中也成了神奇迷人的地方。她經常請土著朋友們引路深入沙漠的深處，聽當地人講沙漠的特點，還請遠在倫敦的親友幫她寄來所有能找到關於沙漠的資料，每一回收到她都認真地研讀，並且她還將研究所得有關沙漠的點滴知識，都寫進了自己的日記，她的生活因此變得充實甚至有些忙碌了……原本難以忍受的環境變成了令人興奮、留連忘返的奇景。

是什麼使這位女士內心發生了這麼大的轉變呢？

沙漠沒有改變，印第安人也沒有改變，是莉莎女士的念頭改變了，心態改變了，一念之差，使她把原先認為惡劣的情況變為一生中最有意義的冒險。她為發現新世界而興奮不已，並為此寫了一本書，以《快樂的城堡》為書名出版。

正面心態來自個人的潛意識，人的潛意識就像是一部電腦系統，而人的自我意識就像電腦程式，直接影響這一系統運行的結果。如果自我意識認為自己是一個失敗者，你就會不斷地在內心的螢幕上看到垂頭喪氣、沮喪悲觀的自我，這使你不敢面對挑戰。

久而久之，你在生活中也註定是個失敗者。相反，如果你對自己懷抱積極的自我意識，不斷接受自我激勵的資訊，你會感受到喜悅、自尊、快樂、安慰。而自我意識是可以轉變的。

那麼，怎樣才能使孩子有個良好的正面心態呢？

【建議一】給自己一個希望

要改變我們的處境，首先就要改變自己的認知。讓我們認識到，自己並不是不如別人，並不是「無可救藥」；只要我們努力，就會得到回報。儘管這種回報也許並不是很明顯，或者見效並不是那麼快。

【建議二】不要給自己消極的標記

社會心理學認為，每個人的自我形象，部分取決於自己對他人反應的理解，即透過「我看人看我」的方式形成。自我形象一旦形成，它就會成為制

約自己、塑造強制規範和自我限制的力量。「說孩子笨，孩子就真的越來越笨」的心理基礎，就在於此。

如果你常用某一個詞語說孩子，往往會使孩子順從你所給予的標記，做出相符的行為，儘管你的標記並不一定都十分準確、合理，甚至根本就是錯誤的，但標記的假身分往往會真的逐漸成為某人的真實寫照。這種現象對我們，特別是容易受到暗示的人作用最大。就像被催眠者受到的暗示一樣，從潛意識就根深柢固地相信自己所受到的標記是正確的。

父母、老師總說我們笨，我們就逐漸地相信父母、老師的說法，形成自己就是「笨」的認知。於是，我們便按照笨的模式去塑造自己、約束自己，解釋自己的某些失誤行為。經過多次負強化，久而久之，我們失去了信心，真的變笨了。

【建議二】發揮個人主動性

當我們遇到心理困境無法消解，最好採取自救措施，逃避現實，遠離外部刺激。常言說「眼不見心不煩」，避開現實中的困境，能夠消除大腦對此

事的反應，用別的刺激取代它，將注意力轉移。

譬如，在遇到與同學間出現衝突、發生爭吵的時候，最好離開現場去聽音樂、看書，或做別的事情，讓心情平靜下來，忘掉不快樂的事。

但有時現實沒有辦法迴避，又不能躲開時，就應採用改變思考角度的方法，盡力從消極面轉向積極面，進而改善自己的心情。如果在遴選班級幹部時，因為票數不夠而落選，失去了為大家服務的機會，非常沮喪。但是，反過來一想，沒有當上幹部，不正好節省下更多精力用於學習。多轉換思考角度，馬上柳暗花明，壞事變好事。

任何事都有缺陷，人們在生活中經常因為達不到預定目標而悶悶不樂，但如果能用自己的優點克服缺點，或改變目標，用新的成功補償過去的失敗，就可能改變心情，擺脫困境。

無論如何都要樂觀

英國作家薩克雷有句名言：「生活是一面鏡子，你對它笑，它就對你笑；你對它哭，它也對你哭。」如果我們心情豁達、樂觀，我們就能夠看到生活中光明的一面，即使在漆黑的夜晚，我們也知道星星仍在閃爍。

一個心境健康的人，就會思想高潔，行為正派，就能自覺而堅定地摒棄骯髒的想法，不與邪惡者為伍。我們既可能堅持錯誤、執迷不悟，也可能相反，這都取決於我們自己。

這個世界是我們自己創造的，因此，它屬於我們每一個人。真正擁有這個世界的人，是那些熱愛生活、擁有快樂的人。

拿破崙在一次與敵軍作戰時，遭遇頑強的抵抗，隊伍損失慘重，形勢非常危險。拿破崙也因一時不慎掉入泥潭中，弄得滿身都是泥巴，狼狽不堪。

但此時的拿破崙內心只有一個信念——無論如何也要打贏這場仗。只見他對自己所處的危險和尷尬渾然不覺，依然站在隊伍的最前面並大吼著：「衝啊！」

他手下的士兵見到他那副滑稽模樣，忍不住都哈哈大笑起來，但同時也被拿破崙的樂觀自信所鼓舞。一時間，戰士們群情激昂，奮勇當先，終於取得了最後的勝利。

具有樂觀、豁達性格的人，無論在什麼時候，他們都知道光明、美麗和快樂的生活就在身邊。他們眼睛裡流露出來的光彩使整個世界都絢麗燦爛。在這種光彩之下，寒冷會變成溫暖，痛苦會變成舒適。這種性格使智慧更加熠熠生輝，使美麗更加迷人炫目。而生性憂鬱、悲觀的人，永遠看不到生活中的七彩陽光，春天的花朵在他們的眼裡也頓時失去了嬌艷，黎明的鳥鳴變成了令人心煩的噪音，無限美好的藍天、五彩紛呈的大地都像灰色的布幔。

在他們意識裡的創造力，頹廢的像令人厭倦的、既沒有生命也沒有靈魂的蒼茫空白。

聰明的人就算在煩惱的環境中也能夠尋找快樂。因為煩惱本身是一種對已成事實的盲目怨恨，除了折磨自己的心靈外，沒有任何的積極意義。為了不讓煩惱纏身，最有效的方法是正視現實，摒棄那些引起你煩惱不安的幻想。世界上不存在你完全滿意的工作、配偶和娛樂場地，不要為了尋找盡善盡美的道路而掙扎。

實際上，並不是所有在生活中遭受磨難的人，精神上都如此煩惱不堪。相信很多人對生活的磨難，不幸的遭遇，往往是一笑置之，看得很淡；倒是那些平時生活安逸平靜、輕鬆舒適的人，稍微遇到不如意的事情，便會大驚小怪，並為之深深的煩惱著。這說明，情緒上的煩惱與生活中的不幸並沒有必然的聯繫。生活中常碰到的一些不如意的事情，這僅僅是可能引起煩惱的外部原因之一，煩惱情緒的真正病源，應當從煩惱者的內心去尋找。

大部分終日煩惱的人，實際上並不一定遭遇到多大的不幸，而是自己的內心在面對生活的認知上，存在著某種缺陷。因此，當受到煩惱情緒襲擾的時候，就應當問一問自己為什麼會煩惱，從內在去找一找煩惱的原因，學會從心理上去適應你周圍的環境。

德國學者威爾科克斯說：「當生活像一首歌那樣輕快流暢時，笑顏常開乃平常易事；而在一切事都不妙時仍能保持微笑的人，才活得更有價值。」

「一切事都不妙時仍能保持微笑」，這是什麼精神？這就是樂觀主義精神！

在美國，有一對夫妻開車旅行，回程那天到達家裡已是三更半夜，兩人筋疲力盡，還來不及卸下行李就倒頭大睡。第二天醒來，車庫裡的車子杳無蹤影。

車子不見了還有保險，但行李中有丈夫花了很多精力拍的數十卷膠卷，以及妻子買的各種紀念品，遺失了怎能叫人不心疼呢？

妻子自責不已，情緒非常的焦躁懊惱，丈夫忽然心生幽默，說：「等等，讓我們理性地來分析一下這件事吧！」

「我們可以因為丟了車子而悲傷，也可以因為丟了車子而快樂。無論如何車子是丟了。聰明的妳，該選擇悲傷還是快樂？」妻子轉憂為喜。

過了一星期，車子找了回來，行李箱的種種「寶貝」物品，因為被竊賊視為一文不值，所以也都還在。但新車已經被折磨得傷痕累累，只得進廠維修了。

可是禍不單行，丈夫將車子從維修廠開回家的途中，一個失神撞上了別人的車，不但自家車頭撞得歪七扭八，還得賠償別人的損失，雖有保險，丈夫仍沮喪不已。

正當丈夫猛敲自己腦袋時，妻子以微笑阻擋：「等等，讓我們理性地來分析一下這件事吧！我們可以因為撞了車子而悲傷，也可以因為撞了車子而快樂。無論如何車子都已經撞壞了。聰明的你，該選擇悲傷還是快樂呢？」丈夫大笑而臣服。

在一片歡笑聲中，夫婦倆把破車又送進維修廠修理了。

這就是樂觀，更是一種對生活強烈的愛，對人生幸福執著的追求！

充滿樂觀精神的人，不論在怎樣艱難困苦的環境中，或家庭、自身遭遇到什麼不幸時，都不會動搖退卻，他總能看到瓦礫中的寶石，烏雲後的陽光，因而總能滿懷信心地迎著困難而上，百折不撓地繼續前進。

林肯在競選參議員落敗後說：「此路艱辛而泥濘，我一隻腳滑了一下，另一隻腳也因而站不穩。但我緩口氣，告訴自己，這不過是滑了一跤，並不是死去而爬不起來。」

樂觀豁達的心態對我們事業的成就有著不可忽視的作用，在與人交往的過程中學習經驗教訓，能夠面對挫折與失敗，這對我們的成長有著不可忽視的作用。

樂觀是一種心態，使人能夠著眼於事情比較有利的一面，期待最有利的結果。樂觀使人擁有更加自信的思維，使一個人的生存變得輕鬆起來。

樂觀是人們對人生和前途充滿信心的精神面貌，是成功者都具備的性格，更是青少年必須具有的生活態度。

然而，有些青少年卻缺少它，他們總是很容易被生活中的困難嚇退前進的腳步，總是被眼前的挫折蒙蔽雙眼，總是把自己囚禁在一片愁雲密布的城堡中哀怨悲切——有的人一次活動沒有表現好，就會情緒低落，感到沒面子，甚至失去了信心，從此再也不願意嘗試此類活動；而有的人剛剛見識過別人的優秀之後，都還沒有經過嘗試，便對自己不抱任何希望，覺得自己一定做不到，最後把機會白白地拱手送人。

一個悲觀的人，總是先被自己打敗，然後再被生活打敗；而一個樂觀的人，總是先戰勝自己，然後再戰勝生活！

因此，每個青少年都需要學會樂觀地看待人生，即使你的人生如糞土，也不要失去信心和樂觀的個性，因為，人的一生之中，總會有你想追求的目標，你不能放棄挖掘或追尋！

儘管愉快的性格主要是天生的，但正如其他生活習慣一樣，這種性格也可以透過訓練和培養來獲得加強。我們每個人都可能充分地享受生活，也可能根本就無法懂得生活的樂趣，這樣的差異取決於我們從生活中提煉出來的，是快樂還是痛苦。究竟我們經常看到的是生活中光明的一面還是黑暗的一面？

這就決定著我們對生活的態度。任何人的生活都是兩面的，問題在於我們自己怎樣去審視生活。我們絕對有權可以運用自己的意志力，來做出正確的選擇，養成樂觀、快樂的性格。

那麼，培養孩子樂觀向上的良好性格，應該從哪些方面做起呢？

【建議一】要能區分樂觀和悲觀思想

正如前文提過，樂觀主義者認為，有利的、令人快樂的事情總是永久且常態性發生的。他們能努力促使好事發生，而一旦不利的事件發生了，他們也能視為暫時性，不常發生的，對其發生的原因也能採取樂觀現實的態度。

而悲觀主義者考慮的正好相反：他們覺得好事總是暫時的，壞事才是永遠的；好事只是靠碰運氣，偶然才會發生，壞事則是必然。在解釋壞事發生原因時，也常常犯錯誤，或者每件事都責怪自己，甚至全都推託給他人。

如果你認同悲觀想法，就會加重你的悲觀情緒；你必須樂觀的對待人和事，才會養成正面的態度。

【建議二】讓家庭處處充滿歡樂

在家人都感到勞累或天氣比較糟糕沉悶之時，不妨大家一塊開懷大笑。找些生動有趣的故事大聲讀一下，或看一些記載各種珍聞奇事的書。當家人對各種詼諧報以一笑時，沉悶的氣氛就會在不知不覺之間飛到九霄雲外。在做諸如洗碗、拖地、擦桌子等日常家務時，家人各自講些笑話，相互出些有趣的謎語來猜一猜，會使這些看似苦差事的家事時間，成為家人在一起分享快樂的時刻。

把發生在家庭中活生生的情景喜劇永遠珍藏在心中。每個家庭都會在某個時刻發生令人捧腹大笑的樂事，或許家人在今後的日子三不五時地用一下，可以收到消除緊張，博得掌聲與歡笑的奇效。

【建議三】刻意創造良好的家庭氣氛

要刻意創造良好的家庭氣氛，形成一種愉快的情緒，讓我們生活在快樂的氛圍中。因為，我們的快樂最早就是在家庭中形成的。

我們可以多和父母在一起交流，從和家人一起遊戲娛樂的過程中，我們

能學到一些與人交往的知識和技巧，特別是能體驗到對他人的關心和愛護。這樣，我們在與同伴交往時，會更輕鬆，也增強了與他人交往的信心。

【建議四】懂得「金無足赤，人無完人」。

每個人都有優勢，也都有不足，不要因為有某一方面的缺陷就全盤否定自己，以致於根本看不到其他方面的才能；應該全面性地給自己評價，努力克服自己的缺點，發揮優勢和特長，這樣才是一個「強者」。

2 以獨立自主 開啟成長的大門

獨立自主的性格對孩子的成長起著很重要的作用。它是人的立世之本，是一個人最寶貴的財產。很難想像，缺乏獨立自主意識的孩子到了社會上要怎樣去生存，如果一個人都不能照顧好自己，他要拿什麼去和別人競爭呢？他要怎樣在社會上立足呢？

相信自己才能成就一切

自信是孩子開啟獨立自主大門的鑰匙，它有時甚至比能力更為重要。就算一個能力一般的人，他一旦擁有了自信這個良好的心理狀態，就能最大限度的發揮自己的潛能，做出意想不到的成就來。

西漢時期，一位父親和他的兒子出征打仗，父親已經做了將軍，兒子仍只是個馬前卒，一陣號角吹響，父親從馬背上取下一個箭囊，箭囊裡面插著一支箭，他鄭重的對兒子說：「這是一支家傳的寶箭，佩帶在身邊將會使你力量無窮，但不可抽出來。」那是一個極其精美的箭囊，泛著銅色的光芒。兒子佩帶箭囊後，果然英勇非凡，所向披靡。

當鳴金收兵的號角吹響時，兒子終於忍不住好奇心，「呼」一聲從箭囊中拔出寶箭，剎那間他嚇呆了，這是一支斷箭。

片刻之後，他明白了父親的良苦用心：只有相信自己是一支利箭，才能在紛繁複雜的世界中立於不敗之地。自信激發了他身上的潛能，讓他認識到了自己的能力，創造出驚人的價值。

縱觀古今中外那些成就偉大事業的卓越人物的人格特質，就可以看出一個特點：他們在開始做事之前，總是具有充分信任自己能力的堅強自信，深信所從事之事業必能成功。這樣，在做事時他們就能付出全部的精力，破除一切艱難險阻，直到勝利。

事實正是如此，自信是一種積極的態度。堅定的信心，能使平凡的人們做出驚人的事業。因為當一個人一事無成時，就會懷疑自己的能力，那就很容易被自卑打倒；相反，如果取得了一些成就之後，他就會信心大增，變得樂觀、豁達，進而使工作也變得更加得心應手。

自信心不是與生俱來的。它與人的思想素質的高與低、身體素質的強與弱、生活境遇的好與壞都有直接的關係。自信，也是在為理想的奮鬥與追求中，經過不斷的實踐逐步培養起來的。

一個具有強烈自信心的人，他必定是個敢於行動的人，不會以觀望、等待的消極態度喪失生活所賜予的各種機會，而總是在創造著發展自己的機會。

一個有著強烈自信心的人，他必定是個精神豁達、樂觀大度的人，即便是受到了生活的磨難和挫折，也絕對不會輕易的向困難低頭認輸，而總是滿懷信心，笑迎風浪，用自己的光和熱去照耀生活、溫暖生活，並給他的朋友帶來信心、力量和希望。

專家指出，如果一個人充滿了自信心，那他在學習時就會敢於探索、勇於進取，並充分發揮自己的主動性、積極性和創造性，進而贏得豐碩的學習成果。

有人曾做過一項統計，在成績優良組的五十一名學生中，充滿自信的有二十八人，占五十五%；而成績差的四十名學生中，只四人有自信心，占十%，有九十%的學生缺乏自信心。

因此，對於成長中的孩子來說，自信心絕對不只是一個空洞的口號，而是必須具備的素質之一。你一定要努力讓它紮根在你的靈魂深處，讓它跟隨著你的心臟和血液一起跳動和流淌，推動著你在學習和生活中獲得成功。

那麼，培養孩子自信的性格，應該從哪些方面做起呢？

【建議一】相信自己「我行。」

勇敢的人常說：「我行！」懦弱的人愛說：「我不行！」

「我不行」是一種消極的負面思想，是缺乏自信心的具體表現。如果常用這種思想來暗示自己，一種「我不行」的形象就會被自己在不知不覺中塑造出來了。

「我行」是一種積極的正面思想，是成功者必備的心理素質。如果常用正面思想來暗示自己，一種「我行」的形象也就在不知不覺塑造出來。

「我行」與「我不行」，雖然只是一字之差，但卻有著本質的不同。「我行」是成功者必備的心理素質，而「我不行」正是失敗者失敗的主要原因，

因為他們失去的正是成功的重要支柱——自信。

【建議二】為孩子營造一個輕鬆的學習氛圍

現在很多孩子沒有自信、成績不好的根本原因是父母「高標準，高要求」的結果。其具體表現就是孩子在家裡沒有一個輕鬆的學習氛圍，缺乏學習的自信心。

父母在制定目標時，沒有從孩子的實際情況出發，把目標定得太高，要求太嚴，這樣不僅增加了孩子學習的壓力，而且還影響到孩子自信心的形成。

很多孩子在考試時容易緊張，這是為什麼？究其原因，就是家長對孩子的期望值過高，別說考九十分，就連九十九分都不行，非得考個張張滿百才滿足，其實，做家長的，不要只想到孩子的學習成績，從孩子長遠發展來看大可不必這樣，能考六十分就可以了，家長沒必要把分數看得過重，給孩子的心理造成負擔，父母應該懂得：要以人為本，不要以分為本，成長永遠比分數重要。

針對考試，家長的正確做法是：不給孩子施加壓力，而是營造一個輕鬆

的學習氛圍。孩子越是在成績不好的時候，越需要父母的鼓勵。但鼓勵的話應該講究方式，不能為鼓勵而鼓勵。

另外，在孩子學習的過程中，要多擴展他的知識面，知識豐富了，學習自然就輕鬆。這些雖然與考試沒有直接的關係，但對學習卻有輔助的作用。

【建議三】幫助孩子克服自卑感

自卑是一種性格上的缺陷，它來自於心理上的一種消極的自我暗示，表現為對個人能力和品質偏低的評價。自卑的人容易膽小、恐懼、懷疑、不喜歡交際，缺乏知己，常常迴避團體活動，缺乏自信心。

一個人小的時候，正是性格和信念發展的重要時期，如果此時就充滿了恐懼和懷疑，不相信自己有能力去改變世界，整日用一種消極和自卑的情緒去生活，那麼他們的自我暗示就會接收這種缺乏信心的精神，從此一蹶不振。

【建議四】從孩子的興趣出發

事實證明，為了培養孩子的自信，父母無論做什麼事情，都要堅持從孩子的興趣出發。因為興趣是人們探索某種事物或從事某種活動的心理傾向，

它以認識和探索外界的需要為基礎，是推動人們認識事物、探索真理的重要動機。人們對有興趣的東西通常都會表現出巨大的積極性，並產生某種肯定的情緒體驗——自信心。

興趣是最好的老師。在將來走怎樣的人生道路這個問題上，孩子一般會從自己的興趣出發，有著自己的理解和主見，父母應該尊重孩子自己的選擇。

只有自信才能自主選擇

很多父母把自己未來的期望寄託在孩子身上，這是一件很殘酷的事情，不如讓他們自己做選擇。

其實，學會自主選擇在個人成長過程中是一項很重要的能力。我們的一生就是在各種不同的選擇與放棄中度過的。成功和失敗說到底就是選擇與放棄的結果。

瑪西．卡塞爾是美國電視史上最成功的節目製作人之一。她從一九八〇年開始自行製作節目，次年，湯姆．溫勒加入，他們合作無間，創作了《天才老爸》的高收視率，這是美國播出最久的一部電視連續劇，其他如《焰火下的魅力》、《來自太陽系三次雲》等，也好評如潮，多次獲得大獎。

她這樣總結她的成功之路：

「我非常熱愛電視，早期我就很喜歡《回憶中的媽媽》和《爸爸知道最好的》兩個電視節目，進入青春期時，《未烙印的小牛》中那個英俊的男主角，讓我特別著迷。

在大學，我主修英國文學，對寫作和表演，也有些許天分。二十一歲大學畢業後，前往紐約闖天下。

在紐約，我找到一份工作，是在ABC國家廣播公司做參觀講解員。這棟大樓是野心家的溫床，是許多人不擇手段想要得到往上爬的機會。很幸運的，我幾個月後就升任《今夜》節目製作助理，然而，我並不大喜歡這份工作，因為這份工作大多是做一些辦公室的雜務，回覆影迷的來信之類的。

我開始轉變事業方向，到一家廣告代理公司的電視部門工作。我知道自己對廣告工作是毫無興趣的，然而，這卻是一種很不錯的工作經驗。我們這組一共有三個人，平日的工作說起來有點像間諜，每天都要觀察哪個頻道的哪個節目收視率最好，然後仔細分析節目的分鏡時段、製作素質，向客戶提供一份完整的報告，最後建議最佳廣告時段，而我提出的建議大都能得到客戶的肯定。但是，我始終知道，我的興趣是在製作電視節目。

在好萊塢，我認識了正要開設製作公司的羅古，他有堆積如山的劇本，需要有人幫忙審核。我決定爭取這份工作，答應先免費幫助他審閱那些劇本，直到他願意聘請我為止。我成功了。我在這家公司工作了好幾年，然而我喜歡的事業還是沒有半點蹤影。直到有一天，我聽說ＡＢＣ美國國家廣播公司想要找一些有才氣、有創意的人一起組成龐大的製作群，共同經營頻道，我立即前往應聘。我坦白的告訴面試主考官伊塞，我告訴他我已經有三個月的身孕，如果他覺得應該延長對我的考察，直到小孩出生以後的話，我沒有意見。沒想到他卻說：『我也有一個嬰兒，可是我回到崗位繼續工作，你呢，是不是也要和我一樣？』最後，他聘用了我。

當下我真的是欣喜若狂，因為我終於可以接觸到電視工作的核心。當然，對我來說，這也是一個『如臨深淵，如履薄冰』的地方，我雖然有一點小聰明，但是卻沒有能力處理辦公室裡的人際關係，在這裡，每個人不是迅速的被升職，就是被迅速的開除。我沒有被開除，我在ＡＢＣ工作七年，離職前，我的頭銜是『黃金時段節目製作資深副總經理』。

我們不斷製作處十分有趣、充滿活力和不同風格的節目，但多年後，那種充滿創意的環境在慢慢消失，我覺得該是自己離開ＡＢＣ的時候了，我要自己創辦一家電視製作公司。

我們決定不受外界干擾，在沒有製做出一個我們覺得品質不錯的節目時，絕不輕易推出上檔。我們一共花了三年時間，才推出一個成功的喜劇系列節目《天才老爸》，一播就播了八年，在一九八八年～一九九九年期間，我們還創下了其他製作公司望塵莫及的成績：同時擁有三個成功的電視節目——《天才老爸》、《羅絲安娜》和《不同的世界》。」

這段話，瑪西經常說給別人聽，也說給自己聽。事實上，一個人的成功之路很長，其突出的特點就是不斷選擇，並適時放棄一些令人羨慕的東西，如令人羨慕的職位、較高的薪水、穩定的工作等等。

有資料顯示，當今社會，在許多獨生子女家庭，大多數孩子都缺乏自主選擇的能力。一位心理學工作者去一家中學調查中學生的自主性狀況，在被調查的一百五十名學生中，當被問到在學習和生活中遇到難題，一時解絕不了，該怎麼辦時，一百五十名學生幾乎異口同聲回答：有困難當然是找父母解決。沒有任何一名學生回答自己先想辦法解決，實在解絕不了，再找父母幫助；當被問到今後準備從事什麼職業時，竟有七十%的學生說要回家問過父母後才能回答。

事實上，孩子缺乏自主性的主要責任在於父母。許多家長出於對孩子的溺愛，想當然地認為孩子小，不太懂事，同時，又不放心孩子的能力，因此，不管家中大小事情一律不許孩子插手，凡事都替孩子決定好了，無形中就剝奪了孩子自主選擇的權力。殊不知自主選擇需要從小開始培養。

那麼，培養孩子自主選擇的能力，應該從哪些方面做起呢？

【建議一】相信自己有能力處理好自己的事

自信心對每一個孩子都是非常重要的。若孩子從小就沒有樹立起良好的自信心，將對他們今後的成長極為不利。然而時下很多父母會害怕孩子做錯事，所以不敢放權給孩子自主選擇，結果也就導致了孩子對自己喪失信心。

其實，一個人的自信心與父母表現在他自己身上的信任感有著十分密切的關係。不少父母對孩子照顧得非常周到，從早晨起床、吃飯到上學、回家、做功課，能想到的、能做到的都替孩子包辦了。表面上看是關心孩子，事實上這樣做的後果將會造成孩子在其他事情上變的沒有自信。實際上，每個孩子都希望父母信任他們，凡事多讓自己去嘗試。

如果父母對孩子管束太多，或者經常強迫孩子服從自己的意志去做事，會使孩子的精神負擔過重，心情受到壓抑，個性發展受到阻礙，進而缺乏獨立做事的自信心。

【建議二】自己做主

當家長為孩子選購衣服的時候，不能只顧自己的感覺，而是要先徵求孩子的意見，因為這不是你要穿的衣服，而是要穿在孩子的身上，所以，當然要聽聽孩子的意見。但是，在服飾專櫃裡，我們常常可以看到家長帶著孩子買衣服時，當孩子把衣服試穿在身上以後，家長仔細地端看一下，認為不錯，就買下了，家長從不問孩子：「你覺得怎麼樣？」「你喜歡嗎？」「你看哪件更合適？」

如果不想讓孩子太依賴自己，就得隨時讓孩子自己做主，當然，由於孩子年紀尚小，可能也做不了什麼大的決定，但只要給他規劃好一個具體的選擇範圍，他就能做出決定。

譬如早晨起床後家長問孩子：「想吃什麼？」孩子也許一時回答不出來，即使回答出來了，家長或許卻不能滿足他的要求。所以家長應該這樣問：「你今天早上想喝牛奶還是想喝豆漿？」若星期天打算出去玩，可以先問孩子：「你想去公園還是動物園？」等等。

讓自己的孩子做決定，便能逐漸培養孩子的獨立性。讓孩子利用自己的思維能力去思考，然後再做出決定，長大以後他做事就不會猶豫不決和不知怎麼去處理事情了。

讓孩子自己做決定，還可以培養孩子的自我控制能力。這樣，孩子在遊戲和學習的時候不管有沒有人監督，他都會自覺的遵守規則和紀律。

【建議三】有選擇性地去交朋友

自主選擇不是盲目選擇，在孩子進行重大決定時，可以參考父母的建議，但不可以唯馬首是瞻，把父母的意志強加到自己身上。

我們知道，良好的人際關係是樹立自信心的根本，是獨立生活的保證。在人的各種基本生活技能中，學會如何建立及保持友誼，是一種至關重要的生活技能。

一個人結交的朋友不可能都是同一類型的，交了什麼樣的朋友（包括品性低劣的）也不是關鍵，關鍵是必須能鑑別出他是個什麼樣的朋友，不然，就會為朋友所累，甚至為朋友所害。

所以，作為父母就有必要教會孩子鑑別朋友的一些技巧。當自己的孩子對一個人還不太瞭解時，可以先瞭解他周圍的人，看看他周圍的人都是一些什麼樣的人，一般而言，性情相近的人容易交往，因此他周圍關係密切之人主要都是與他性情相近的。

【建議四】尊重孩子的人生選擇

孩子的自主性往往表現在他對自己人生的選擇上，但家長由於怕孩子自己選擇錯了，總是不敢把選擇的權力交給孩子。可是，如果從來不給孩子選擇的權力，他也就永遠學不會選擇，永遠沒有自主性。

熱衷於替孩子安排人生道路，替孩子做決定的父母們，千萬不要低估孩子的想法和他們的判斷力。父母尊重孩子的人生選擇就是愛護孩子的未來。放開手，讓孩子自己選擇走什麼樣的人生道路吧！父母可以給孩子提供一些參考意見，但不能強求，更不能包辦，把最終的決定權交給孩子。一旦孩子做出決定，你最應該對他們強調的一句話是：「這是你自己的選擇！」

積極培養自我的責任感

有這樣一個令人感慨的故事。

林凱一家到英國旅遊，一天，林凱在廁所突然聽到隔壁廁所裡一直有一種奇特的聲響。由於這聲響時間過長，而且也過於奇特，因此不由得引起了他的好奇心。

在好奇心的驅使下，他透過廁所的縫隙向裡探望。這一看使他驚歎不已。原來，廁所裡有一個只有七、八歲的小男孩正在修理馬桶的沖刷設備。一問才知道，是這個小男孩上完廁所以後，因為沖刷設備出了問題，他沒有把髒東西沖下去，因此他就一個人蹲在那裡，想盡辦法要修復它。這件事給林凱留下了非常深刻的印象。

回國後，他經常對朋友說起此事，不斷感慨地說：「一個只有七、八歲的孩子，竟然有如此強烈的責任感，可見其父母的教育是成功的。」

事實上，責任感是衡量一個人成熟與否的重要標準。一個缺乏責任感的人，在遇到沒有人能為他負責的時候，就喜歡哀歎自己的不幸，抱怨生活的不公。豈不知，所有的抱怨都是在做無用的耗費。

我們從小就被告知要完成自己的責任，也要勇於承擔自己的責任，因為在這個社會中，我們必須堅守責任。因為堅守責任就是堅守我們自己最根本的人生義務。

在一個漆黑的大雪天，約翰上尉匆匆忙忙地趕往營區。

當他經過一座公園的時候，有一個人攔住了他。「對不起，打擾了先生，請問您是位軍人嗎？」這個人看起來很焦急。約翰不知道發生了什麼事，但仍很有禮貌的回答他說：「噢，當然，我能為您做些什麼嗎？」

「是這樣的，剛才我經過公園的時候，聽到一個孩子在哭，我問他為什麼不回家，他說，他是士兵，他在站崗，沒有命令他不能離開這裡。誰知道和他一起玩的那些孩子都不知道跑到哪裡去了，我猜大概是都回家了。天這麼黑，風雪這麼大。」

這個人說，「我說，你也回家吧，他說不，他必須得到命令，站崗是他的責任；我怎麼勸他回去，他都不聽，只好請先生幫忙了。」

約翰的心為之一振，「好吧，我可以幫這個忙。」他說。

約翰和這個人一起來到公園，在那個不顯眼的地方，有一個小男孩在那裡哭，但卻一動也不動的。約翰走過去，敬了一個軍禮，然後說：

「下士先生，我是上尉約翰．格林，你為什麼站在這裡？」

「報告上尉先生，我在站崗。」小孩停止了哭泣，回答說。

「天這麼黑，風雪這麼大，你為什麼不回家？」約翰問。

「報告上尉先生，這是我的責任，我不能離開這裡，因為我還沒有得到命令。」小孩回答。

「那好，我是上尉，我命令你回家，立刻。」約翰的心又為之震了一下。

「是，上尉先生。」小孩高興得說，然後還向約翰敬了一個不太標準的軍禮，撤腿就跑了。

上尉約翰先生和這位陌生人對視了很久，最後，約翰先生說：「他值得我們學習。」

小男孩的倔強看起來似乎有些幼稚，但在這個孩子身上所表現出來的對於責任這種堅守卻是很多人無法做到的，而我們這個世界需要的正是這樣一種深深的責任感。

培養責任感對於孩子來說是極其重要的，因為責任意識是他們安身立命的基礎，當一個人具有了某些能力時，就要對相應的事情負責。而那些缺乏責任感的孩子只會坐享其成，缺少前進的動力。

責任感是孩子做事情的標準之一，是他們前進的一種動力，沒有責任感的孩子不可能認真地去做事。因此，對於父母來說，要重視從小培養孩子的責任感。

那麼，培養孩子的責任感要從哪些方面做起呢？

【建議一】對自己的行為負責

孩子的責任心需要父母言傳身教從小培養。教育家陶行知說：「我要兒子自立立人，我自己就得自立立人。我要兒子自助助人，我自己就得自助助人。」同樣，要培養子女的責任感、事業心，家長就要敬業樂群，要有強烈的責任感、事業心，因為父母是子女生活中的啟蒙教師，也是孩子學習的第一榜樣。

日常生活中，父母要經常教育孩子該做什麼、不應該做什麼，做對了是理所當然的，否則將會受到懲罰。

孩子做事往往是憑興趣的，要讓孩子對某件事負責到底，就必須清楚地告訴他做事的標準，並且與處罰聯繫在一起。如把洗青菜的家務工作承包給孩子，要是沒做好，大家就有可能吃壞肚子。這樣，孩子才知道一個人是要對自己的行為負責的。

【建議二】自己的事情自己做

父母不要全心全力地幫助孩子做事，因為這樣的包辦行為會使孩子失去責任感。而要培養孩子的責任心，父母就要在孩子的學習、生活中糾正他的不良習慣，讓孩子學會自己的事情自己做。

家庭中要有明確的分工，父母應該分配孩子做一些能力所能及的家務。家務的範圍很廣，包括：掃地、擦桌子、拖地、疊被子、整理房間、煮飯、收衣服等等。

一般來說，孩子對做家務，有三種錯誤認識：一是認為做家務是父母的事，他們不必參與；二是認為他們的主要任務是學習，做家務會影響學習，所以做家務不是他們做的事；三是認為做家務婆婆媽媽，太平凡了，沒出息，要做就做大事，不做小事。

因此，為了培養孩子的責任感，父母要讓孩子知道，家務在家庭生活中十分重要，如果大家都不做家務，那麼其後果將不堪設想：沒有人做飯，就沒有飯吃；沒有人洗衣服，就只能穿髒衣服；沒有人掃地，沒有人洗碗，則一片狼藉。做家務看起來是小事，實際上小事裡包含著大事。若一點點小事都不肯去做，怎麼可能去把大事做好呢？

總之，讓孩子學會對自己的事情負責。孩子也只有學會了對自己的事情負責，才能逐步地發展為對家庭、對他人、對團體、對社會負責。

【建議三】不要推卸責任

父母要嘗試著把孩子生活中的每一項責任，放手讓孩子學習承擔。當孩子遇到麻煩的時候，不要對孩子說：「你也是沒有辦法才這麼做的，是老師不對。這不是你的錯，都是他人的不對。」

而要試著對孩子說：「這是你自己的選擇。這都是由你自己造成的」「你總會遇到你不喜歡的課程，就看你怎樣調整了。」

這些聽起來彷彿都是小事，但如若不這樣做，而反過來強化孩子的觀點，認為他人應該為孩子負責，就是在教導孩子推托責任。

生活中經常發生這樣的小事，孩子被椅子壓到了，家長趕緊跑過來把孩子抱起來，說：「這椅子真壞，把你壓疼了，我替你打它。」

雖然這有點開玩笑的意味，但這實質上是在幫助孩子推託責任。家長們應該告訴孩子，椅子就在它本來應該的地方，「我認為你下次應該注意椅子的位置。」

這樣就可以把孩子自己被壓疼的責任坦白地說出來，而讓他學會保護自己，學會對自己負責，而不是推卸責任。

【建議四】教孩子誠實

孩子在做了一件事情以後，如若他知道講了真話以後家長就會責怪他，那麼他就有可能說謊，或是把責任推到他人身上。

在生活中如果你的孩子坦白地向你承認：「媽媽，我把杯子打碎了。」但最後卻是換來你的一頓責罵或痛打，再加上不再愛他的樣子，那麼孩子就會從中得到這樣的暗示：「說實話只不過是使我的日子更不好過，而且媽媽彷彿再也不喜歡我了。」

所以，當他下次又不小心把杯子打破的時候，你問他：「是誰打破的。」

他就可能回答：「不是我打破的，是小花貓碰倒的。」

或說：「我不知道。」

家長如果想讓自己的孩子做個誠實的人，就應該正確的對待孩子所做的任何事，若孩子做了錯事，應該教訓他，但要讓孩子明白其中的道理，而不是靠打罵來教訓他。

如果有必要進行懲罰，你也一定要帶著愛意，不要對孩子發脾氣，只是告訴孩子說出真相是對的：「即使你犯了錯誤，我還是愛你，只要你以後別再這樣做就行了。」讓孩子們懂得每個人都可能犯錯誤，但就是不能撒謊，不能把責任推給他人，你就還會十分地關心他們，十分地疼愛他們。

【建議五】學會自我服務

不要總是讓孩子對自己說「我還小」、「我不懂」、「我不行」，而是要給孩子一些鍛鍊的機會。孩子的成長速度是驚人的，遠遠超出大人們的想像。有時候家長認為孩子不能做的事，可能孩子已有能力駕馭。

因此，儘量給孩子一些鍛鍊的機會和勇氣，這樣便可以在自我服務中增強責任心。

「我可以」的孩子，不是在說教中長大的，而是在行動中成長的。有些父母，嘴上說讓孩子鍛鍊，可是事事都替孩子做得好好的。孩子漸漸地產生了依賴性，不願意面對困難和挫折，自身的潛力也就發揮不出來。

讓他們自己動手做事，哪怕做不好。也能在做事的過程中，培養出孩子自我的責任心。

放手讓孩子去做

有一部動畫片是講述燕子的成長。燕子媽媽對自己生下的小燕子非常照顧，可謂舐犢情深。後來小燕子漸漸長大了，燕子媽媽卻像發了瘋似的要「逼」小燕子離開溫暖的家。

剛開始，小燕子們都不願意離開舒適溫暖的家，但是，燕子媽媽就是不讓小燕子們進家，牠又咬又趕，非要把牠們都從家裡攆走。最後小燕子們只好落荒而逃，開始去過自己的獨立生活。這隻燕子媽媽看似冷酷，但是，牠卻懂得小燕子應該學會獨立，學會自己去捕食，這樣才能獨自生存下去。

哈佛大學曾對波士頓的四百名男孩子進行了跟蹤調查，瞭解他們的生活經歷和成長過程。在這些孩子進入中年的時候，研究人員對他們的生活進行了分析，結果發現，不管這些人的智力、家境、種族或受教育的程度如何，也不管他們遇到多少困難和挫折，從小有參加勞動和工作的人，即使只在家裡做一些簡單家務的人，生活得要比沒有勞動經驗的人更充實更美滿。

請看下面一則故事：

大衛九歲生日的前幾天，每天一從學校回來，就扔下書包匆匆出去了，再回來時就顯現出疲憊不堪的樣子。這和往年大為不同，因為以往每逢生日之前，大衛的臉上總是充滿興奮和期待的表情。他的媽媽對兒子的反常非常擔心，不知道發生了什麼事情。

這天下午，媽媽忍不住問兒子：「大衛，你最近每天放學後都到哪裡去了？是不是交上了新的朋友？」兒子搖著頭認真地回答：「最近放學後我都去確認每家每戶的門牌號碼。」

媽媽聽了，感到非常意外，不解地問道：「為什麼你要做這件事？」

兒子語出驚人：「因為我從現在起要開始送報紙了。」

媽媽更是不解：「送報紙？你怎麼突然會有這樣一個奇怪的想法？」

兒子回答道：「爸爸不也是從九歲開始送報紙賺零用錢的嗎？但我們這個地區的門牌號編得亂七八糟，記起來是一件很麻煩的事。」

一個九歲的孩子自己做主要去送報紙賺零用錢，這在台灣大多數父母看來簡直是不可思議的事情。且不要說孩子年齡小，如果有家長真的放手讓孩子這樣做的話，一定會招來一片責備聲：小孩子連學習的時間都不夠了，怎麼還讓他把時間浪費在一些無關緊要的地方呢？所以現在許多家長別說讓孩子去打零工，就是連在家洗碗、打掃房間這些簡單的家務事也不讓孩子去做，而只知道一定要讓孩子去學習。

但在西方國家的父母看來，放手讓孩子做一些孩子能夠做的事情是理所當然的。美國人在孩子很小的時候，就積極鼓勵並讓他們自己去體驗一些髒的事情、難的事情和危險的事情。即使是貴族階層和富有階層也一樣。

歐洲著名的哈普斯堡王室至今也保存著這樣的傳統，在孩子七歲的時候，就開始讓他抽出一定的時間，參加農家勞動；世界級大富翁兼慈善事業家洛克菲勒家族也有類似的規矩，在孩子七歲的時候，家長就開始讓孩子自己透過勞動和工作賺取零用錢。

從小就經歷過勞動的孩子，較能體驗到透過勞動而獲得正當報酬的愉悅。這樣的孩子長大後，才不會透過不正當的手段去獲得金錢，也不會夢想成為暴發戶。他們會把用汗水賺來的錢花到更有價值的地方。

勞動是人類的第一需要，佛家所謂「一日不做，一日不食」。但是，許多父母卻由於過於溺愛孩子等各種原因，忽視了對孩子的勞動教育，使孩子逐漸養成了不愛勞動的壞習慣。

據調查，現在的中小學生，有較好勞動習慣的約占三分之一，其餘三分之二的中、小學生是不常勞動或根本不勞動的。缺乏勞動意識的孩子會養成依賴成人的習慣，而且，由於孩子沒有經過勞動的磨練，以後走入社會也較難勝任工作。

這顯示，勞動使孩子獲得能力，在生活上也就較為獨立；在面對挫折時，孩子善於以獨立的積極心態去面對。因此，父母要放手讓孩子做一些力所能

及的事情。

那麼，培養孩子熱愛勞動的良好品格，應該從哪些方面做起呢？

【建議一】重視勞動教育

孩子不愛勞動和家庭教育間有極大的關係，許多家長心疼孩子，怕孩子吃不了苦，受不了那份罪，因此，往往不讓孩子參加勞動。這樣，長此以往，孩子就漸漸失去了勞動的意識，養成了不愛勞動的壞習慣。

其實，孩子做家務也是拓展知識面的機會，例如，家長可以在教孩子洗襪子時，談論肥皂和洗衣粉去汙原理的不同；孩子在協助家長做菜時，向孩子談論糖和鹽的濃度與味道的關係。

心理學家們認為，人的本能是願意做事的，只是有些家長過分照顧孩子，事事都包辦，才會讓孩子有了不勞而獲、嬌懶成性的習慣。因此，對於獨生孩子的家長來說，不注意培養孩子的勞動習慣和辦事能力，將來會後患無窮。

習慣於一切靠家長的孩子很少會考慮到父母，這些孩子把父母為他們所做的一切視作理所當然，如果父母年老後沒有了自理能力或勞動能力時，這些孩子很少會去盡他們應盡的孝道。

【建議二】學會做家務

光說不練，不會成功；父母一切替孩子代勞，孩子不會長大。「獨立自主」的孩子，不是在說教中長大的，而是在勞動中成長的。有些父母，嘴上說讓孩子獨立去完成，但卻事事都替孩子做。孩子漸漸地產生了依賴性，不願意面對困難和挫折，自身的潛力也就發揮不出來。

在生活環境越來越優沃的今天，如何讓孩子具有「獨立自主」的性格，對孩子的一生具有重要的意義。作父母的要為孩子做長遠的著想，就要讓孩子在幼年的時候學會獨立，學會承受挫折，接受懲罰，經歷磨難。

對於父母來說，如果要培養孩子的勞動意識，有時候就必須硬起自己的心腸，當孩子不願意勞動時，絕不能姑息遷就，一定要鼓勵孩子參加勞動。如果孩子不願聽父母的話，就是不願意，那該怎麼辦呢？這就需要父母發揮自己的智慧，採取一些切實可行的辦法迫使孩子參加勞動。

美國有一位叫格蕾．李施特的媽媽，她養育了四個八到十四歲的孩子。這些孩子終日只知道看電視、玩遊戲，就是不肯幫媽媽做家事，甚至連做功課也懶懶散散，每天需要爸爸媽媽不斷地呵斥才會勉強去做。終於有一天，這位媽媽決定治治這些孩子。

那天，孩子們發現，媽媽在門前豎了一個牌子，上面寫著：「媽媽罷工。」孩子們覺得很奇怪，於是去問媽媽怎麼回事。

媽媽說：「我每天要上班工作，還要為你們做飯、洗衣服，但是，你們並不覺得媽媽做了這麼多的事很辛苦，從來不肯幫媽媽的忙，甚至自己的功課都要媽媽來催，媽媽覺得很累。從今天開始，媽媽要罷工了，我不再為你們做你們的工作，你們自己的衣服自己洗，自己要吃什麼都自己去做吧！」

媽媽說到做到，真的不再為孩子們做家務。這時，孩子們才發現，勞動是多麼的重要。

格蕾．李施特說：「孩子們終於明白，他們除了看電視外，還有很多事情要做。他們開始懂得用腦子想事情，開始看書、寫作業和做家務事。」

我們並不提倡父母學習這位媽媽的方法，但是，父母應該明白，孩子們必須勞動，不管他願不願意，一個不會勞動的人，會不斷的自我萎縮直到失去自我能力，這樣的孩子是不會幸福的。

【建議二】學會自己生活

一個美國孩子摔倒了，母親說：「寶貝，自己站起來！」然後用鼓勵的眼神望著孩子，直到孩子自己站起來。

一個非洲孩子摔倒了，母親沒有說話，只在孩子旁邊反覆模仿摔倒並站起來，以無聲的實際行動教孩子自己站起來。

一個台灣的孩子摔倒了，母親馬上跑過去，扶起孩子，不停地說：「寶貝，別哭，摔著沒有？」有的母親還直跺地面：「都是地不好，讓寶寶摔倒了，媽媽打地，寶寶乖！」於是，孩子不哭了。

將來成長的孩子中，美國的孩子獨立堅強，從小就學會了照顧自己，再富裕的家庭出來的孩子也會用自己的雙手去勞動養活自己；非洲的孩子也能自己照顧自己，從小就離開父母去闖世界；而台灣的孩子似乎永遠生活在父

母的「保護傘」中，無法獨立生活。

讓孩子學會自己生活的目的，就是使孩子在現實生活中，具有獨立生存的能力，能獨立面對生活中的難題，較好地解決問題。美國人對孩子的教育是值得借鑑的。美國教育專家認為，要培養孩子解決問題的能力，就得先培養孩子獨立生活的能力。

美國的孩子從小就單獨擁有自己的房間，自己整理，培養獨立生活能力。很多美國大學生都是自己透過勞動去賺錢來繳學費的。孩子成家的時候，父母往往也只送上一個祝福，而不像台灣父母那樣要為兒子買房子、為女兒置辦嫁妝等。

因此，我們的父母應該從小就鍛鍊孩子獨立生活的能力，從兩三歲開始就可以讓孩子獨立睡眠，要求孩子自己吃飯、入廁、穿衣服、整理床鋪、收拾玩具等；孩子稍微大一些，就可以讓其打掃房間、替父母買東西等；再大一些，可以要求孩子獨立解決問題，自己打工來付學費等。父母對孩子的要求要一致，不要產生意見分歧，這樣會不利於孩子的培養。只有從小讓孩子

學會自己生活，他才可能在生活中成熟起來，提高獨立生活的能力。

【建議四】鼓勵孩子做力所能及的事情

著名文學家朱自清說：「要讓孩子到外面的世界闖闖，不能老讓他們像小雞似的在老母雞的翅膀底下，那會一輩子沒出息的。」

家長的過度呵護是孩子性格軟弱的重要原因之一。一些家長對孩子百依百順，不讓孩子做任何事情，舒適、平靜、安穩的生活剝奪了孩子自我成長的機會；茶來伸手、飯來張口的生活方式，導致了孩子獨立生活能力的萎縮。

要培養孩子成為強者，父母首先要鼓勵孩子做力所能及的事情，讓孩子學會自己生活，掌握自己。

提高孩子的AQ

有人把成功定義為人們在追求一生目標時，克服所有的障礙和其他形式的逆境過程中，向上、向前移動的程度，進而提出：AQ（逆境商數）越高的人，成功的機率越高。

AQ高並不意謂著他們是人群中最聰明的，但有一點可以肯定的是，他們絕對都是熱忱而且又有毅力的人。對成功而言，並不一定要有很高的智商，問題也不只在於天資，更重要的是在於逆境商數的高低。

當別人說他們不具備成功的條件時，他們也絕不放棄希望和努力，即使有點灰心，也絕不後退。他們始終堅信：突破逆境才能把人生引向成功。

逆境商數ＡＱ被稱為當今最新的人格特質指標，它能改變人類負面和自我放棄的思考模式，改進人們登峰造極的能力。在丹尼爾．戈爾曼所著的暢銷書《情商ＥＱ》中，他寫道：智商ＩＱ顯然不能作為成功的惟一指標。因為人除了ＩＱ之外，還有情緒商ＥＱ。

在漫長的人生中，雖然ＥＱ遠比ＩＱ重要，但二者並不是獲得成功的關鍵。無數成功者的經歷說明：只有勤奮、忍耐與堅忍不屈的意志，才是攀上人生高峰的不二法則。

「世上無難事，只怕有心人。」世上的事，只要不斷努力去做，就有機會戰勝，取得成功。但如果停下來不做，那就會和畫餅充饑一樣，永遠達不到目的。

雖然這是一個淺顯易懂的道理，但是，許多人卻忘了它。因此，他們常常會經過艱難跋涉之後，有一種「為山九仞，功虧一簣」的遺憾。儘管成功僅距他們一步之遙，但就是因為他們軟弱的意志，致使他們在這最後的關頭放棄努力，與勝利擦肩而過。

事情往往是在越困難的時候，越要堅持到底才能達到成功，這是對一個人AQ商數的嚴峻考驗。所以說，一個人要想成功，就要「永不止息」，絕不能半途而廢。越是在困難的時候，越要堅持到底。

人生不如意十之八九，一個人面對困境能否具有正確態度和處理技巧，就表示一個人的逆商高低。逆商高的人贏得起也輸得起，遇到困難會重新崛起。

有人把逆境看作是阻礙，有人把壓力當成自己無法成功的藉口；有人卻把壓力化為動力，把逆境當成引導自己走向成功的墊腳石。

日常生活中，很多人在身處逆境時都告訴自己：「這件事我不能讓任何人知道。」或是「這太可怕了，別人一定會嘲笑我。」也許有些事的確不可對人言，理由是害怕別人會妄下評語。

然而為我們的健康著想，卻非常需要發洩內心的這些感覺。怎麼辦呢？告訴你一個簡便的方法。你可以拿筆寫下來，找家人或好友討論，或是用錄音機把心事錄下來。

心理學家丹尼伯克研究發現，用這類方式發洩情緒能促進身心健康。為此他做了一個試驗。他把五十個中學生分成兩組，第一組學生連續四天、每天用二十分鐘寫一些膚淺的文章；第二組學生則以同樣的時間寫出自己的問題，或是一些未能解決的痛苦經驗。

研究人員在實驗進行前分別採集學生的血液樣本，然後在學生寫完的六週後再抽一次血樣，綜合這些血液檢驗的結果，令人嘖嘖稱奇。

丹尼伯克說：「實驗結束時，那些寫下對自己意義重大經驗的學生，血液淋巴增加，表示抵抗力提高了。另一組學生只寫些無關痛癢的事情，血液檢驗發現免疫系統並未得到任何改善。」

再六週之後，寫下問題的那群學生仍然有免疫反應增強的現象，證明這種效果可以持久。直到過了六個月，這組學生看醫生的次數也遠少於另一組。

研究還顯示向別人傾吐心事也很有幫助，否則試試錄音機也不錯。為自己的免疫系統與精神打打氣，每天花幾分鐘時間把未能解決的問題或煩惱訴諸文字，這樣做的好處不僅可以想到解決問題的方法，還能夠讓自己的身心保有健康。

人們總是喜歡順境，而不喜歡逆境。可是，事實證明，許多出類拔萃的人才並不是在順境中培養出來的，而是由逆境造就出來的。

事實上，在機遇出現的全部過程中，順境和逆境往往是交錯出現的。今天碰到的順境，明天有可能就成為逆境，所以，要想抓住機遇，必須能夠在順境中揚帆鼓浪，能夠在逆境中避短就長。

一個有志之人不應因逆境而喪失志向，而應該認識逆境、順應逆境、突破逆境，一步步調整自己的步伐，認清發展自己的途徑，那麼成功的機會是可以實現的。

人在逆境，生不逢時，意志堅強者發奮努力，不時改變著環境，機會就會不斷出現；意志薄弱者卻只能抱怨環境，無為而終。逆和順是相互矛盾的兩方面，逆境可以使機會夭折，也可以使機會出現；順境理應為機會的出現提供良好條件，但不好好努力，同樣也會使機遇夭折。

每個有志成為抓住機遇的人們，都不應為生不逢時而讓成功的機遇走而遠之，也不應為命運的磨難而讓成功的機遇埋沒掉，在我們面前出現的逆境只是在人生道路上所必然遭到的困境，它是完全可以擺脫和克服的。

在一個人的成才道路上，不可能走的都是廣闊平坦的路，既有順境，就有逆境。一帆風順的成功者在歷史上是很少的，更多的成功者反倒是在逆境中探索前進的。

真正有志氣的人，總能在逆境中發揮自己的才能，錘煉自己的意志品質，在逆境中抓牢機會，進而改寫自己的命運。

明代地理學家徐霞客，為了求得真知，常常捨生忘死，即使在斷糧被困，落入深潭差點淹死的絕境中仍百折不回，終於完成了八十萬字的巨著——《徐霞客遊記》。

高爾基曾在老闆的皮鞭下，在敵人的明槍暗箭中，在饑餓和殘廢的威脅下堅持讀書、寫作，終於成為世界文豪。

佛蘭克林在貧困中奮發自學，刻苦鑽研，進取不息，成為近代電學史上

的奠基人。

成功的勇士們或是煎熬於生活苦海，或是掙扎於傳統偏見，或是奮發於先天落旨，或是發奮於失敗之中的人，他們最終得以成功的祕訣皆在於朝著預定的目標，砥勵於各種難以想像的逆境之中，奮戰逆境，知難而上，終於成為淬火之鋼，經霜之梅。

對一個人來說，困境並非毫無用處，它是考驗一個人究竟是強者還是弱者的主要標誌。因此，在孩子的人生道路上，總會遇到各式各樣的困難。這個時候，作為父母，就有責任教會他們怎樣面對困境，然後幫助他們擺脫困境。要在這個過程中，逐步提高他們的ＡＱ商數。

那麼，提高孩子的逆境商數，要從哪些方面做起呢？

【建議一】面對困境應該怎樣做

面對逆境，有的孩子百折不撓，有的略做抵抗，有的趕快乖乖投降。不同的人生態度，會導致孩子經歷不同的人生道路。

例如在學習上，有的孩子遇到難題會刻苦鑽研，不查個水落石出絕不甘休。這種孩子，通常就是父母認為適合讀理工科的料。有的孩子遇到難題就趕快繞道，目光瞄向下面自己會做的題目，缺乏一種最起碼的鑽研精神。更多的孩子是稍加動腦，如果還是感覺有難度就宣布放棄，或者急於請教他人或翻閱參考答案……不同的學習態度，在學習成績上會相差很多。

父母應當告訴孩子，古今中外的名人偉人，之所以能取得輝煌成就，無不與他們的高逆商密切相關。經常對孩子講講這類故事，對提高他們的逆商是會有幫助的。

【建議二】培養孩子的逆商

現在的高中生課業負擔之重、心理壓力之大，是絕大多數父母所無法想像的。他們通常只有在聽到哪裡發生了某個學生精神崩潰跳樓，某地發生了中學生自殘的傳聞時，才感到心驚肉跳。殊不知，絕大多數高中生所承受的心理壓力，早已超過了極限。

這些壓力包括學業上的壓力、分數排名的壓力、升學考試的壓力、青春期的困惑、高中生戀愛的挫折、環境的不適應、綜合素質的提高，以及他們本身處於青春期，缺乏人生經驗，抗挫折能力與調控能力嚴重不足等方面的壓力。

而我們的父母和老師，通常只關心他們的學習，對其他方面不是不聞不問，就是睜一隻眼閉一隻眼視而不見。這使得他們面對困境與壓力時，表現出焦慮、失眠、抑鬱、恐懼、精神崩潰等症狀。

有鑑於此，父母一方面要替孩子減壓和疏導，另一方面要趕快對孩子進行逆商訓練。其目的是，幫助他們消除以上煩惱、調整心理狀態，減少不必要的身心壓力。只有這樣，他們才能把主要精力集中到學習上來。

因此，父母要做的工作有三：

一是要透過思想交流等方式與孩子溝通，告訴孩子什麼是逆商，逆商在學習、生活、工作中的作用。要幫助他們正確看待自己所遇到的困境和失敗，調整心態、不被困難所打倒。只有這樣，才能建立起良好的適應能力，並且把它變成自己的習慣性行為。

二是要針對孩子的個性傾向和心理特徵，著重於價值引導。在與孩子溝通的過程中，一定要針對他們的具體興趣、心理需求、性格特徵、氣質特點來進行，而不是對牛彈琴。針對高中生的年齡特點，最好的方式是論事實、講道理，透過編故事的形式，告訴他們怎樣面對困難、擺脫困難、超越困難。

三是應當多多瞭解孩子在面對逆境、面對挫折時的心理過程和行為措施，訓練孩子對逆境的覺察能力和控制能力。最理想的結果是，透過這樣的訓練，孩子能夠視困難為歷練，能夠自己分析困難的主要原因、選擇解決困難的最佳方案。

【建議三】給孩子指明突破逆境的方向

針對高中生的困境，尤其是學習上的困境，父母有必要給他們指明突破方向。這樣會有利於他們在克服困難的過程中，順利解決問題，進而不斷提高逆商、增強克服困難的信心和勇氣。

【建議四】不要讓孩子「萬事如意」

台灣的父母普遍認為，愛孩子，就要為他們創造一種萬事無憂的生活環境。其實，從培養逆境商數看，這種觀點根本是錯誤的。

苦難對一個人的人生確實有幫助。當然，沒有必要人為製造麻煩，但如果苦難已經來了，就要把它當作是提高自己逆商的好機會。

放眼全球，無論哪個國家或地區的富豪，大約有八十％都是出生於貧困家庭、白手起家的。這從另一個方面證明了逆境對人格的磨練作用。這就是俗話所說的「吃得苦中苦，方為人上人」。

懂得了這個簡單的道理，父母就應當把平時生活中出現的困境如實告訴孩子。與此同時，還要引導孩子克服困境，奮力拼搏，把一個個困難踩在腳下。

美國著名的麥克亞瑟將軍。他在留給兒子的精神遺產《為兒子的禱文》中說：「我祈求，不要讓他走上安逸舒適的道路，而要讓他接受困難與挑戰的磨練和刺激。」

因此，父母應當告訴孩子，一個人只有經過困境的磨練，他的潛力才會被激發、視野才會更加開闊、靈魂才會進一步昇華、事業才會一步步走向成功。

以謙虛自制的性格 體驗成長的美麗

半桶水響叮噹。淺薄的人總以為上天下地無所不知，而富有智慧的哲人才深感學海無涯，惟勤是岸。所以，一個人無論是在他人的經驗中或書本上，只要養成隨時學習的習慣，就能夠獲取更多的知識。學海無涯，藝無止境。想要擁有充實與豐富的知識，完全看在自身是否能夠不斷努力，並保有謙虛謹慎的好心態。

謙虛是一種美德

謙虛可以使你永遠把自己置於學習的地位，並有助於發現他人的優點。但是，謙虛絕不代表客套與虛偽，也不是遇到工作時的退縮與推諉，更不是所謂的韜光養晦，深藏不露。謙遜的目的，並不在於使我們感覺到自己的渺小，而是以我們的力量來瞭解自己以及本身對於社會的貢獻。

愛因斯坦是二十世紀世界最偉大的科學家之一，他的相對論以及他在物理學界其他方面的研究成果，留給我們的是一筆取之不盡、用之不竭的財富。然而，就連像他這樣的一個人，在有生之年中仍然不斷地學習、研究，活到老，學到老。

有人去問愛因斯坦，說：「您可謂是物理學界的空前絕後了，何必還要孜孜不倦地學習呢？何不躺在沙發上喝喝咖啡看看閒書呢？」

愛因斯坦並沒有立即回答他這個問題，而是找來一支筆、一張紙，在紙上畫出一個大圓和一個小圓，對那位年輕人說：「現在或許在物理學領域裡我比你懂得略多一些。你所明白的範圍是這個小圓，而我所知道的是這個大圓，然而整個物理學知識是無邊無際的。對這個小圓而言，它的周長短，與未知領域的接觸面小，所以它並沒有感受自己有多少未知的範圍可以研究。然而對大圓而言，它與外界接觸面大，所以更感到自己未知的東西很多，因此會更加努力地去探索。」

一九二三年三月十四日是愛因斯坦五十歲生日。全世界的報紙都發表了關於愛因斯坦的文章。在柏林的愛因斯坦家中，裝滿了好幾簍從全世界寄來祝壽的卡片。然而，此時的愛因斯坦卻不在自己的家裡，幾天前他就到郊外一個花匠朋友的農舍裡躲了起來。

愛因斯坦九歲的兒子問他：「爸爸，您為什麼那樣有名呢？」

愛因斯坦聽了哈哈大笑，他對兒子說：「你看，甲殼蟲在球面上爬行的時候，牠並不知道自己走的路是彎曲的。我呢，正相反，有幸覺察到了這一點。」愛因斯坦就是這樣一個謙虛的人，名聲越大，他就越謙虛。

事實上也是如此，沒有一個人可以有驕傲的資本，因為任何一個人，即使他在某一方面的造詣很深，也不能夠說他已經徹底精通，徹底研究過了。「生命有限，知識無窮」，任何一門學問都是無窮無盡的海洋，都是無邊無際的天空，所以，誰也不能夠認為自己已經達到了最高境界而停步不前、趾高氣揚。如果那樣，很快必將被同伴趕上、被後人超過。

其實，半桶水響叮噹，一桶水滿滿的卻搖不出聲音了。淺薄的人總以為上天下地無所不知，而富有智慧的哲人才深感學海無涯，惟勤是路。牛頓曾有感於此，他說：他只不過是一個在大海邊撿到幾個貝殼的孩子，而真理的大海他還未曾接觸。

驕傲是一種很糟糕的心理，特別是聰明的孩子經常容易產生驕傲自滿的情緒，父母應該給予正確的引導，使他們心理健康發展。

在現實生活中，聰明的孩子往往由於成績較好或者有某方面的特長，經常受到家長和老師的表揚，而太多的讚美常常會誤導孩子，使他們不能正確認識自己，於是就會滋長驕傲的情緒。他們會因此誇大自己的優點，以致於看不到自己身上的問題，把別人看得一無是處；他們聽不進別人的善意批評，總是處於盲目的優越感之中，隨之而來就是逐漸地放鬆對自己的要求，因此導致成績下降，表現也就不再那麼優秀了。對這樣的孩子，家長應該及時糾正，讓他們正確認識自己。

那麼，培養孩子謙虛的性格，應該從哪些方面做起呢？

【建議一】分清楚自信和驕傲

盲目驕傲自大的人就像井底之蛙，視野狹窄，自以為是，嚴重阻礙了自己繼續前進的步伐。科學家巴夫在給青年人的一封信中這樣寫道：「切勿讓驕傲支配了你們。由於驕傲，你們在應該配合大眾意見的場合會固執起來。由於驕傲，你們會拒絕有益的勸告和友好的幫助。而且由於驕傲，你們會失掉客觀的標準。」

當然，我們有必要讓孩子分清楚自信和驕傲的區別。

自信是一種積極的人生態度，它能使人樂觀上進；而驕傲是對自己的認識不完整，是盲目的樂觀，常會讓人不思進取。對於父母來說，應該培養孩子的自信心，但不能讓他們滋長驕傲自滿的情緒。自信和驕傲只有一線之隔，常會讓人迷惑，孩子們會把自己那點小得意看做是自信的表現，這時父母應該讓孩子分辨出兩者的區別。

父母應該讓孩子認識到驕傲也是健康成長的絆腳石，取得了任何好成績，只是階段性的、局部的成就，只是一個起點。在學習上，知識是無邊的海洋，如果一時領先就忘乎所以，就好像昭告天下自己的知識不夠、眼界不寬。「滿招損，謙受益」，父母應切實地為孩子介紹一些成功者的經驗，告訴他們古今中外凡是有所作為的人，都是在取得成績後仍能繼續保持謙虛奮進的人。

【建議二】全面認識自己

孩子之所以會驕傲往往源於自己某方面的特長和優勢，父母應該先分析這種驕傲的起因：是因為成績比較好、有某方面的藝術潛質，還是有運動天賦。然後讓孩子認識到，他身上的優勢只不過是限定在一個很小的範圍內，放到更大的環境裡就會失去這種優勢；正確的態度應該是積極進取，而不是驕傲懈怠。況且優勢往往和不足並存，所以隨時隨地都應該努力彌補自己的不足。

父母要告訴孩子，能夠取得一定的成績，確實是自己努力的結果，但是不要忘記這裡也包含著父母的培養、老師的教誨和同學的幫助。

另外，不正確的比較往往容易滋長驕傲的情緒。在班級團體生活中，若以己之長與別人之短相比較，這樣的結果當然會贏，而因此自以為什麼地方都比別人強，看不起別人，顯然是井底之蛙的行為。父母應該開闊孩子的胸懷，引導他們走出自我的狹小圈圈。比如說：帶他們到更廣闊的地方走走，陶冶他們的性情；讓他們瞭解更多歷史名人的成就和才能，以豐富的知識充實大腦，化驕傲為動力。

【建議三】正確面對批評和建議

正確面對批評和建議是終身的學問。驕傲自滿的性格經常也和無法面對別人的批評和建議有關。

批評往往以直指一個人缺點的形式出現，如果人能夠接受批評，他就能夠清楚地看到自己的缺點。對於孩子來說，他在評論自己的時候經常會出現偏頗，原因是「當局者迷，旁觀者清」，若能經常聽取別人的意見或建議，就能不斷充實和完善自己。

【建議四】不要過度地表揚孩子

父母不要對孩子過度表揚。因為隨便給予讚美，就失去了讚美的作用。所以，聰明父母的做法是：即使孩子做得非常好，也只是說到「啊！不錯」的程度，絕對不可過度。但是當今父母的做法大不相同，他們大多喜歡在眾人面前炫耀孩子「與眾不同」，很容易因此使孩子感到自滿。

據專家們研究發現，被稱為神童的孩子如果純粹是因為天賦過人，而不是因為幼童時期的教育成功者，多半不過是一種暫時的現象而已。這樣的神童，往往長大後就變成再平凡不過的普通人。這些潛質很好的孩子之所以沒能如願地在未來成為棟樑，正是源於孩子的驕傲自滿、狂妄自大。世上沒有比驕傲自大更可怕的了，驕傲自大會毀掉英才和天才。

人們的讚賞是反復無常的，既容易得到也容易失去；而上帝的讚賞卻是因為你累積了善行才得到的，來之不易，所以是永恆的。因此不要把人們的讚揚放在心上，喜歡受人表揚的人必然得忍受別人的中傷。被人中傷而悲觀的人固然愚蠢，稍受表揚就忘乎所以的人更是愚蠢。

太優秀的孩子往往經不起過多的讚美，容易變得驕傲自滿。因此，他在生活中特意地避免讚美孩子。

父母應該注意適度的讚揚孩子，這件事本身並沒有錯，但是，千萬不要不管黑白是非，一味地給予讚美。如果孩子真的做得非常好，值得表揚，就要讓孩子知道，那是因為他的行為而獲得這樣得稱許，並不是因為孩子本身——這也是稱讚的技巧。

不斷地追求自我反省

一個人之所以能夠不斷地進步，在於他能夠不斷地自我反省，找到自己的缺點或者做得不好的地方，然後不斷改正，以追求完美的態度去做事，進而取得一個又一個的成功。

英國著名小說家狄更斯的作品是非常出色的。但是，他對自己卻有一個規定，那就是沒有認真檢查過的內容，絕不輕易地在公開場所朗讀。每天，狄更斯會把寫好的內容讀一遍，每天去發現問題，然後不斷改正，直到六個月後才讀給大眾聽。

無獨有偶，法國小說家巴爾扎克也會在寫完小說後，花上一段時間不斷修改，直到最後定稿。這一過程往往需要花費幾個月甚至幾年的時間。正是這種不斷自我反省、自我修正的態度，讓這兩位作家取得了非凡的成就。

中國著名的學者曾子說：「我每天多次自我反省：為別人做事是不是盡心竭力了？和朋友交往是不是做到誠實了？老師傳授的學業是不是復習了？」（註①）孔子認為曾子能夠繼承自己的事業，所以特別注重傳授學業給他。

一次，曾子對子襄講什麼是勇敢，就直接引用孔子的話，他說：「你喜歡勇敢嗎？我曾聽孔子說過什麼是最大的勇敢：真正大勇之人，在與別人發生衝突時，首先要反省自己在道理上是否站得住腳，如果不對，即使對方是一個弱者，也不能去威嚇他；但如果自己在道理上站得住腳，哪怕對方有千萬人，自己只得孤身一人，也要挺身上前。」（註②）

事實上，每個人在做事的時候都要抱持著自我反省、自我修正的態度，並藉由不斷的追求，實現自己美好的願望。一個善於自我反省的人，往往能夠發現自己的優點和缺點，並能夠揚長避短，發揮自己的最大潛能；而一個

不善於自我反省的人，則會一次又一次地犯同樣的錯誤，以致於總是不能完整的發揮自己的能力。

一位MBA畢業生到銀行任職，人事部門把他安排到營業據點當櫃員，做辦理開戶及存款的工作。一個月後，他對銀行經理說，他到這裡來不是為了做這種簡單的瑣事，以他的學歷應該擔當更重要的工作。

經理便把他安排到了國際信貸部，但很快便傳出信貸部的主管和同事們對他的工作能力都非常不滿。他總是自認為很能幹，抱怨身處於不好的工作環境，主管不給他機會，同事只會嫉妒他。其實，大家都認為他是個大事做不了、小事不想做的人。

每個人都不可避免地必須做一些平凡的事情，當然平凡的工作內容也包括在內。這時候，如果只抱怨同事或工作環境，就不可能認真去做這件事，也就不可能取得成功。

如果一個人願意把自己放在一個平凡的崗位上，以自我為改變的關鍵，不斷反省自己，找到更好的方法，成功就一定等著他。

有一位小夥子，大學畢業後進入一家非常普通的公司工作。依慣例公司安排所有新員工從基層做起，其他新員工都在抱怨：「為什麼要讓我們做這些無聊的工作？」「做這種平凡的工作未來會有什麼希望？」

這位小夥子卻什麼都沒說，他每天都認認真真地去做每一件主管交辦的工作，而且還幫助其他員工去做最基礎、最累的工作。

由於他的態度正確，做事情往往更快更好。更難能可貴的是，這位小夥子是個非常細心的人，他對自己的工作準備了一個詳盡的記錄，手上做的事情一出現問題，他都記錄下來；然後，他就很虛心地去請教資深員工，由於他的態度和人緣都很好，大家也非常樂於教他。

經過一年的磨練，小夥子掌握了基層的全部工作要領，很快，他就被提拔為主任；又過了一年，他就成了部門的經理。而與他一起進去的其他員工，卻還在基層抱怨著。

自我反省是孩子成長的祕訣。一個不會自我反省的孩子永遠也長不大。孩子藉由反省及時修正錯誤，不斷地調整大腦接受信號的靈敏度和準確度，

以確保資訊不出現紊亂。學會自我反省的孩子，就等於掌握了自我修正和健康成長的祕方。父母一定要重視培養孩子自我反省的習慣。

那麼，培養孩子自我反省的良好品德，需要從哪些方面做起呢？

【建議一】坦然接受批評

每一個人都喜歡受到表揚，不喜歡受到批評，孩子也一樣。但是，一個人卻更應該學會坦然接受批評，這對於他的成長是有好處的。

法國心理學家高頓教授透過一項專題研究證實，那些難以接受批評的孩子長大後，大多會對批評持「避而遠之」或乾脆「拒之門外」的態度。因此，父母應該讓孩子在幼兒時期就學會接受批評，這不僅能夠塑造孩子完整的人格，而且可以幫助孩子在其他方面取得成功。

怎樣讓孩子學會接受批評呢？法國的一群兒童教育專家為此提出三條建議：

一、教育孩子不必對他人的批評大驚小怪。在教育孩子的過程中，我們

提倡賞識教育，應該堅持以讚美為主。但是，對於孩子來說，只聽到讚美並不利於他的成長，父母應該有選擇性地肯定孩子好的一面，同時對孩子沒有做好的地方提出批評意見。

當然批評孩子時語氣要溫和，談論孩子的缺點時態度應該中肯。父母還需要告訴孩子，在接受他人批評的時候要認真傾聽，要持有平和的心態，有則改之，無則嘉勉。

二、允許孩子提出解釋。父母在教訓孩子的時候不要太專制，應該允許孩子做出解釋。有時候，父母的批評往往是根據自己的推斷進行的，而事實上，孩子確實有原因必須去做那一件事情。因此，父母如果允許孩子對事情做出解釋，不僅可以更全面地瞭解事情的真相，而且可以引導孩子進行自我反省。當然，父母應該讓孩子明白的是，允許他做出解釋，並不代表他可以推卸責任。

三、教訓孩子時應該一視同仁。如果父母在批評孩子的時候有其他人在場，更應該注意維護孩子的自尊，不僅要講究批評的方式和方法，而且對其他

孩子的評價也要適當，不要過分誇張，讓孩子產生不恰當的比較心態。

父母應該讓孩子明白的是，面對批評，頭腦應該冷靜，不要過於衝動，但這並不表示他只能默不作聲地接受，而是應該反省自己的行為是否有不恰當的地方。

【建議二】學會吸取經驗和教訓

吸取經驗和教訓事實上就是對自我行為的一種反省。例如，一個孩子總是用打架來解決與同學之間的衝突，如果他在打架上吃了虧，就會想：「上次我感到生氣的時候是用打架來表達我的憤怒的，結果我被別人打了。那麼下次發生這樣的情況時，我該怎麼辦呢？我不用打架可以嗎？是不是有更好的解決方法呢？」

當孩子直接感受到行動與結果之間有某種關係後，他們就會自覺地先想一想再採取行動。孩子們可能會對自己的行為有所期望，看是否會出現他們預料的結果，如果結果正如他想的，那麼他會繼續這麼做。如果結果與他想的不一樣，孩子就會自己整合經驗教訓，調整自己的想法，這也是一個人做事的自然反應機制。

這種時候，父母最好不要把自己的價值觀強加給孩子，而是要善於引導孩子進行總結。

例如，父母不應該這樣說：「我早就跟你說過了，你就是不聽，現在嘗到苦頭了吧？」「不聽老人言，吃虧在眼前，說的就是你這種人呀！」這種論調只會加強孩子的叛逆心理。

應該對孩子說：「怎麼會出現這種結果呢，你好好想一想，如果用媽媽跟你說的方法去做，結果會怎樣呢？」「有時候，你需要聽聽別人的意見，這樣就會避免一些問題。」這種語氣，孩子比較願意接受一些。

如果孩子學會了經常自己整合經驗和教訓，他就已經學會自覺地進行反省，這對他的人生會有很大的幫助。

【建議三】預見事物的後果

許多孩子往往比較衝動，他想做一件事情的時候根本就不考慮後果，而且由於孩子經歷比較單純，能夠預見到的後果往往與成人能夠預見的不一樣。

這時候，父母可適當指導孩子，雖然以孩子的經驗和智力水準可能無法跟成人一樣思考，但仍不妨讓孩子嘗試一下，結果肯定會出乎孩子的意料，這時，他們就懂得反省自己的行為了。

【建議四】自己承擔做錯事的後果

許多父母往往喜歡替孩子承擔做錯事的後果，這種行為是非常不對的。這不僅讓孩子失去了責任心，更使他不懂得反省自己的錯誤，因而一而再、再而三地犯相同的錯誤。因此，明智的父母不應該替孩子承擔，而要讓孩子自己來承擔做錯事的後果。

【建議五】引導孩子自我反省

引導孩子自我反省的方式就是發現孩子犯了錯誤後，父母不直接指出事情的真相，也不急於對孩子進行教育，而是先把這件事情放在一邊冷處理。同時，父母要在對待孩子的態度上表現出沉默、靜候的狀態，讓孩子從觀察父母的態度意識到自己行為的錯誤。一段時間後，再抓住一個適當的時機對孩子進行教育。

註①：曾子曰：「吾日三省吾身，為人謀而不忠乎？與朋友交而不信乎？傳不習乎？」

註②：曾子謂子襄曰：「子好勇乎？吾嘗聞大勇於夫子矣：自反而不縮，雖褐寬博，吾不惴焉；自反而縮，雖千萬人，吾往矣。」

培養自我管理的能力

一個人能不能自我管理是非常重要的。尤其對於成長中的孩子來說，學會自我管理非常有必要。孩子成為社會新鮮人之前，必須管理好和自己有關的一切事情。

管教孩子，是每一位父母的責任，問題是到底應該怎麼「管」，是打？是罰？還是罵？其實最好的辦法就是：讓孩子自己管理自己。

有一個故事是這麼說的：在德國一個娛樂場的綠色草坪上，散落著不少五彩繽紛的小球。原來，草坪盡頭立著一塊牌子，上面寫著：「請勿踐踏草地。」玩球的大人和孩子，不小心把球扔進了草坪，就讓球待在那兒，誰也不會踩到草地上去撿球。綠綠的草坪上，點點彩球像一朵朵美麗的花，構成了一幅動人的風景畫。

高爾基說：「哪怕只是稍稍的克制自己，也會使人變得強而有力。」

隨著孩子年齡的增長，能力的提高，活動範圍的擴大，他會意識到需要管好自己，也就是所謂的「自我管理」。但是，孩子終究只是孩子，缺乏自我約束的意識，在自我管理上往往表現得不盡如人意。許多父母都希望孩子能夠出國留學，而出國留學則是要求孩子具備較強的自我管理能力。有專家認為，孩子的問題不是智力問題而是管理的問題。大部分學生沒有自我管理的能力，一旦離開父母生活，他就無法好好地管理自己。

有人說：「作為一個母親，從小就要教育孩子第一有愛心、第二有責任心。最後，當然就是讓孩子學會自我管理。」

美國哈佛大學的學者威特倫用了四十年的時間，對兩百五十六名波士頓少年的行為表現進行追蹤觀察。得出的結論是：那些從小就能自我管理的孩子在成年之後，能夠與社會上的各種人建立良好關係者，比那些沒有自我管

理能力的孩子要多兩倍，失業率要少十六倍，收入要多五倍，身體健康狀況也好很多，生活美滿幸福。

多做家務是學會自我管理的一條捷徑。事實上，孩子做家務也是拓展知識面的機會，例如，家長可以在教孩子洗襪子時，談論肥皂和洗衣粉去汙原理有沒有不同；孩子在看媽媽做菜時，跟孩子談論糖和鹽的濃度與味道。

心理學家們認為，人的本能是願意做事的，只是有些家長過分照顧孩子，事事都包辦，才會讓孩子有了不勞而獲、嬌懶成性的習慣。因此，對於獨生孩子的家長來說，不注意培養孩子的自我管理能力，將來會後患無窮。

有些社會心理學家曾做過一項調查，該項調查發現：社會中親子之間的糾紛，主要源於孩子過分依賴家長，讓家長力不從心，而孩子則因某些要求沒有得到及時的滿足，所以反過來埋怨家長無能。

從小習慣所有事都靠家長的孩子，長大後自我管理能力都較差，碰到事情第一個想到的總是要家長幫忙。但是隨著孩子需求越來越多、難度越來越高，家長難免力不從心，當孩子需求與家長能力之間的差距不斷增大，家長與孩子間的不滿和怨言就會不斷增多，甚至會出現各種糾紛和衝突。

習慣一切事情都靠父母的孩子很少會考慮到別人，這些孩子把父母為他們做的一切視為理所當然，如果父母沒有了自理能力或工作能力，這些孩子很少會盡他們應有的孝道。

當然，現代社會下的父母們很少還有需要孩子出錢供養的，但是他們得不到孩子對自己的關愛，卻也很令人傷心。過去務農時代的孩子常看到父母的勞動，也經常參與勞動，因此對父母的辛苦體驗更深，比現在的孩子更加懂得心疼父母。

如果父母能從小培養孩子自己的事情自己做，自己的東西自己管，自己的生活自己安排的習慣，就能養成孩子行動獨立，並且有目的有計劃地執行，這對於孩子今後生活的幸福和成功無疑是巨大的幫助。孩子的自我管理，有個從被動到主動，從低級到高級，從不自覺到自覺的發展過程。隨著年齡的增長，孩子的自我意識也不斷覺醒，隨之而來的自我管理能力及水準也隨之提高。

那麼，培養孩子自我管理的良好習慣，需要從哪些方面做起呢？

【建議一】學會管理自己的生活

能不能在生活中管好自己，這是自我管理能力中最重要的。如果孩子無法管理自己的生活起居，我們很難想像他能夠管好其他事情。

在這一點上，國外的父母親們做得相當好。比如，韓國人比較喜歡週末全家出遊，不管孩子多大，哪怕只有兩、三歲，父母都會帶著他，而且，父母都會讓孩子自己走，自己去照顧自己。有時，小孩子爬累了，走不動了，家長們也很少抱起他們，而是在一邊等他們休息完了再接著走。韓國父母認為，應該從小就訓練孩子的生活自理能力，這樣孩子才會學會自我管理。

而反觀我們自己，很多父母總是對孩子照顧有加，使孩子常處於「中心地位」：東西用完亂扔沒關係，大人會來收拾；衣服穿髒了就換掉，大人會洗。這樣的孩子一旦離開父母就無法生活了。因此，做父母的應該放手讓孩子親自去做，從實踐中學會累積經驗，培養自我管理能力。

平時也要注意培養孩子自我管理的意識，例如，讓孩子把玩好的玩具放進櫃子裡，作業做完後立刻收拾好書包等，久而久之，他就能學會約束、控制自己，形成良好的自我管理習慣。

【建議二】學會管理自己的學習

孩子上學以後，父母要教孩子有關學校生活的常識，要求孩子愛護物品和整理書包、課本、畫冊、文具；學會削鉛筆，以及使用剪刀、削鉛筆刀、橡皮擦和其他工具，並能按照老師的要求製作簡單的教具等。

許多父母都會抱怨：孩子不會整埋書包，書包裡亂得像垃圾山，所以父母只好每天幫他整理。事實上，孩子養成這種毛病主要原因就是父母包辦一切，而疏於培養孩子自我管理的能力。所以，在上學前這段時間裡，父母要讓孩子自己整理圖書、玩具，收拾書包和生活用品，以培養孩子自我管理的能力。

當孩子進入小學後，父母還要注意不要替孩子做作業或者檢查作業——孩子應該自己去做這些事情。一旦父母幫助孩子檢查作業了，孩子做完作業

後自己不但懶得再檢查一次，反而覺得這是父母的事情，對學習的興趣也會降低。

還要注意的一個問題是，當學習與其他方面產生矛盾時，孩子應怎樣處理。比如，如果孩子是一名學生幹部，當他的學習和工作發生衝突時，他如何協調這兩方面的矛盾呢？在這個時候，父母就應該教育孩子想出一個既不耽誤學習，又能當學生幹部的好辦法來，這也是自我管理的一個重要層面。

【建議三】學會管理自己的情緒

學著體察自己的情緒，是情緒管理的第一步。時時提醒自己注意：「我現在的情緒是什麼？」例如：當你因為朋友約會遲到而對他冷言冷語，問問自己：「我為什麼這麼做？我現在有什麼感覺？」如果你察覺你已經對朋友三番兩次的遲到感到生氣，你就可以對自己的生氣做更好的處理。有許多人錯誤地認為：「人不應該有情緒」，但現實是，人一定會有情緒的，壓抑情緒反而帶來不好的結果。

一個人要想做成大事，需要有穩定的情緒和成熟的心態。缺乏對自己情

緒的控制，是做事的大忌。試想，如果你一會兒心情憂鬱，情緒一落千丈：一會兒又怒火沖天，使你的朋友們對你敬而遠之；一會兒又情緒高昂，手舞足蹈，誰還願意與這樣陰晴不定的人交往合作？而且，情緒不穩定的人對於自己確立的目標也常常不能堅持到底，做事容易情緒化，朝三暮四，高興了就做，不高興就扔在一邊，絲毫沒有計劃和韌性。一個人是否能夠有所成就，機會和能力是最主要的，但是，學會管理情緒也是不可缺少的重要條件。

遇事不如意或遭遇突發事件時，孩子往往會表現出情緒不穩定，或者是大喜大悲，或者是做事不顧後果，容易衝動。而善於自我管理的孩子就知道情緒是怎麼回事，情緒的體驗是什麼，應該怎樣去正確釋放自己的情緒等。

比如，有些孩子喜歡罵人，說髒話。他們雖然知道罵人、說髒話是不對的，每次罵人、說髒話以後也常常後悔，但是由於已經習以為常，所以總無法控制住。針對這種情況，父母要教育孩子正確對待與他人的摩擦。許多孩子會罵人其實是對自己受到的傷害進行情感宣洩，父母應教育孩子以平和的心態看待與他人之間的摩擦，讓孩子學會寬容他人的過失。

父母可以和孩子達成一個協定，當孩子正覺得氣憤、想發洩時，父母就可以用某種事先約定好的語言或目光暗示孩子，讓孩子及時冷靜地想一想，考慮如何正確地表達自己的意思，而非用情緒性的言語來發洩。

【建議四】學會控制自己的行為

孩子能不能控制自己的行為是非常重要的，一個孩子如果沒有自我控制能力，就會盲目行事，很難做好與自己的發展密切相關的事情。例如，一名中學生成績很好，但由於迷上了電腦遊戲，便整天泡在網咖打電動，一發不可收拾而耽誤了功課，學習成績每況愈下，最後每門功課都不及格，導致被學校開除。

讓孩子學會控制自己的行為，父母要幫助孩子建立「行」、「不行」的觀念，讓孩子明確知道什麼是可以做的、什麼是不可以做的，事先在腦海中有一個判斷是非好壞的標準，按照這個標準，孩子才能認識到自己行為是否正確，才能學會控制自我。

父母不妨制定家庭規則作為指導家庭成員的準則。例如，進入別人房間

前要先敲門；晚上不能太晚回家；未經家人同意不能在外留宿；下棋、玩遊戲要按規則決定勝負；說錯話或做錯事時要禮貌道歉；看電視時不要干擾別人。即使家長違規也要自行受罰，讓孩子懂得規則的嚴肅性。當然，父母在制定規則的時候，要跟孩子講清楚為什麼要這樣，比如，未經家人同意而在外留宿會讓家人擔心，這樣孩子會比較好接受。

如果孩子不太情願，父母可在平等的基礎上與孩子簽訂協定，把家長需要達到的教育目標轉化為孩子的內在要求和自覺行動，這樣才有利於孩子自我約束意識的形成和自我管理能力的提高，使孩子更適應競爭日益激烈的社會。總之，父母在管教孩子的過程當中，重點要放在把孩子的外在約束力轉化為他們內心的自我控制能力。

控制了自己也就控制了未來

人是一種具有思維和感情的動物，所以每個人都有情緒的波動，這也是人和其他動物的不同之處。我們在與人相處時，不可能事事都一帆風順，不可能要每個人都對我們笑臉相迎。

有時候，我們也會受到他人的誤解，甚至嘲笑或輕蔑的對待。這個時侯，如果我們不能理智地控制住自己的情緒，任由灼熱的「岩漿」噴射出來，傷害別人，就會造成人際關係的不和諧，對自己的生活和工作都將帶來很大的影響。

所以，當我們遇到意外情況時，就要學會運用理智和自制，管理自己的情緒，輕易發怒只會造成負面效果。

事實上，在社會上生存，控制情緒是很重要的一件事。哈佛大學的一項研究顯示，能夠獲得成功、成就、升遷等等，百分之八十五的原因是由於我們擁有正確情緒，而僅有的百分之十五是由於擁有專門的技術。美國心理學之父威廉．詹姆斯也說過：「這一劃時代的重大發現重點就是，我們可以從控制情緒來改變生活。」

人的一生中，總會遇到許多人際關係和事業上的不如意，這些不如意需要以智慧和耐心去解決，而不是靠你一時的喜惡和脾氣。一個人如果不懂得自我控制，往往被人看得膚淺、無知，認為經受不住痛苦、挫折和失敗。

培姍是一家公司的部門主管，該公司以提供企業培訓計劃知名，目標是在人員培訓市場上占據一席之地，為此董事會一直想開發一套有獨立知識財產權的培訓教材，她就是在這樣的背景下加入公司並被任命為主管，全力負責新教材的編撰和開發。她的工作態度和能力不可否認，在公司的地位甚至可以說是不可取代的。培姍被委以重任後，立即一頭栽進專案，帶領了幾個人全力以赴。她是一個完美主義者，甚至到了有點吹毛求疵的地步，這種糾纏於細微末節的行為不但大大增加了公司成本，還延誤了市場開發進度。

在公司主管會議上，總經理在肯定培姍過去工作成績的同時，也委婉地點出了她的效率問題，但她依然依照自己的原則工作，後來她在一次沒有必要的出差行程歸來後的會議上，上司強調情勢逼人，再次敦促她提高工作效率，但她卻認定自己的辛苦沒有得到上司的肯定，自尊心受到極大傷害，長期累積的怨氣如同火山爆發，拍桌子、摔茶杯、口出惡言，把公司形容為一個沒有人性的「冷血」組織，令全體員工噤若寒蟬，她的領導威信也掃了地。

總經理認為，儘管培姍勞苦功高，但她的性格不符合公司管理理念，不僅影響了公司領導地位的威信，而且敗壞了公司形象，於是要求她停職反省——上司的本意是：以這樣的方式讓她自己反省反省，同時也扳回自己身為上司的面子，以公司對她的重視，以後還會重用她的。為了這件事情，上司還特別請了公司副總專門找她談話，但她哪裡受得了如此「侮辱」，馬上提出辭呈，留也留不住。

培姍放縱情緒的結果讓她得不償失，因為就在她走後不久，她主導編製的教材就熱熱鬧鬧地上市，訓練部門也開始招生，但這一切似乎都與她無關了。

其實，多一份克制、少一份衝動，我們的心智就能漸漸變得成熟起來。因此，我們應該從小就培養這種善於自我控制的生存之道。

有一個明星大學畢業的大學生，在學校上學時就與一家公司簽訂了工作合約。於是畢業後他就到這家公司報到了，但當他開始工作後，不僅做事浮躁，態度也很不認真，對學歷不如他的人總是投以鄙視的目光，讓其他員工難以忍受。但他自己卻不以為然，因為他認為自己是明星大學畢業的，應該有特殊「禮遇」。

這件事被老闆知道後，把他叫到辦公室說了一頓，並告訴他為人處世的道理。但是他很不服氣，再加上老闆說話比較嚴厲，他一衝動，便和老闆吵了起來，還把他是明星大學生這句話一直掛在嘴邊。過了一會兒老闆不和他吵了，而是很平靜地說：「既然你有這麼高的水準，留在本公司工作，還真

是大材小用了。那從明天開始，你就另謀高就吧！」顯而易見，他為這次衝動付出了高昂的代價，在今後的求職道路上也製造了許多的障礙。

只是因為自傲、任性和衝動，使得大學生在剛剛踏入社會的時候就摔了一個大跟斗。在未來的人生路上，如果他不能自律一點，改掉這些壞毛病的話，將影響他一生事業的發展。

一個人的性格好壞大多取決於他的意志。一方面，我們可以訓練自己容忍和滿足感恩的習慣，另一方面，我們也可以縱容自己喜歡發牢騷和不滿的習慣，細心嚴謹的人總能做到嚴格自律和自我控制。我們要學會清醒地對錯誤行為保持警惕。

一個人的堅強意志從何而來？學會自我控制是問題的關鍵。

自我控制能力是指在某種思想的指導、影響下，支配自己的言行、調節自我心理的一種能力。一般認為，自我控制能力表現在內部行為上是：對情緒和對動機的自我控制，在外部行為上則表現為行為的自覺性、獨立性、堅持性和自制力的自我控制。良好的自我控力是一個孩子應具備的能力，也是健全人格的重點之一。

自我控制能使生活之路變得平坦，還能開闢出許多新道路，如果沒有這種自我控制，就不能有所創新。生活中如果我們沒有自我控制的能力，就會缺乏忍耐精神，既不能管理自己，也不能駕馭別人。

每個人的性格裡都可能蘊藏著一種強烈而亢奮的熱情。如果對這種熱情不加控制，那它就會爆發。如果將這種熱情放在我們的支配之下，就像將蒸汽抑制在蒸汽機之內一樣，它就會成為一種有益的能量資源。因此，歷史上偉大的人物都是一些性格堅強的人，而且，他們往往能堅決地將自己的衝動置於嚴格的管理和控制之下。

自我控制的勇氣可以表現在許多方面，但是，唯有在真正的生活中才體現得最真切、最分明。沒有自我控制美德的人不僅允許自己屈就於自私的慾望，而且使自己受他人的奴役。別人做什麼，這些人也做什麼。各種慾望都能輕易地俘虜他們，他們沒有道德勇氣去控制慾望；他們也不能抵制物質的誘惑，甚至不惜以犧牲旁人的利益為代價。而所有這一切都會使他們道德淪落、懦弱、卑怯，缺乏獨立自主的精神。

那麼，讓孩子成為一個自制的人，需要從哪些方面做起呢？

【建議一】做好自我控制

家長只有讓孩子學會控制自己的情緒，孩子才能逐步糾正發脾氣、罵人、說髒話的不良習慣。當然，要讓孩子學會控制自己的情緒，父母必須幫助孩子找到適當的宣洩方法。如：鼓勵孩子把不高興、不愉快的事件告訴父母或其他人，以緩解心中的不快；教孩子不要輕易流露自己的情緒，激動的時候應該在心中默數阿拉伯數字；鼓勵孩子以自我隔離來達到冷靜；培養孩子樂觀的性格和幽默感，等等。

【建議二】及時制止孩子的侵犯行為

發現孩子的侵犯行為要及時制止，避免各種強化其行為的因素。當孩子開始發生侵犯他人的行為時，成人的態度要嚴肅，並對他的行為表示氣憤和不滿，還要剝奪其侵犯行為的成果。

如：打了小朋友得到玩具後，一定須要求他把玩具還給小朋友，並要他向受侵犯的小朋友道歉。當然要做到這一點並不難，但要讓做錯了的孩子口服心服、認識到錯誤，卻不是輕而易舉能做到的，尤其是大人如果處理事情的態度粗暴，例如責打、命令其歸還玩具，只會增加孩子的反抗情緒，導致侵犯行為的發展。

遇到孩子發生侵犯行為，爸爸媽媽既要堅持讓孩子改正錯誤，同時要注意自己的處理態度。成人應採取循循善誘的教育方法，激發幼兒的同情心，使他對自己的行為產生自責。

【建議三】拒絕孩子的無理要求

當孩子變得蠻不講理、凡事喜歡以哭鬧的方式來解決時，父母應該檢討一下原因。這可能由於孩子在叛逆時期，教育的方式不對所種下的惡果，所以自己要負很大的責任。眼看著孩子養成這種驕蠻的個性，除了痛下決心不再溺愛他之外，別無其他辦法。

只要孩子又以哭鬧的方式，威脅父母答應他所提出的一切要求，就該完全置之不理，徹底拒絕他無理的要求。只要爸爸媽媽堅持一、二次，孩子就會瞭解他這個撒賴的方法已經行不通了。事後，父母還要耐心地對他說明其中的道理，讓他瞭解，有些時候，如果他採取另一種態度，反而很容易得到自己想要的東西。

如果孩子做得很好，馬上就給予讚美，使他明白這種良好行為應該繼續下去。藉此來克服、改變孩子驕蠻的行為，慢慢地，孩子便能學會凡事不再以自我為中心，懂得考慮他人的立場，並且學習克制自己的慾望了。

4

以誠信合作
拓展成長的舞台

俗話說：「人無信不立」，誠信是人類交往的樞紐，也是現代人應有的品行。

誠信這種美德應該存在於我們生活的每一個角落，只要生而為人，你要把誠實牢牢記在心頭，不要因為貪圖一時的小利，而丟失自己最重要的美德。

守住誠信的美德

班傑明．魯迪亞德曾經說過：「沒有誰必須要成為富人或偉人，也沒有誰必須要成為一個聰明的人，但是，每一個人都必須要做一個誠實的人。」誠實是一個人最重要的品德，它是一切美德的根本。在競爭日益激烈的社會，誠信不但是人性優點的基礎，而且是立足社會的踏腳石。做人講誠信，但真正的誠信是不能掛在嘴上的，要放在心裡，要用心去做。

林先生是一家高科技公司的業務幹部，工作能力有口皆碑。有一次，他被派往中國海南出差。在海南他圓滿地完成了任務，十天後返回，快到台北時，他才發現他不慎將部分住宿、計程車和業務宴請等票據給弄丟了，總計

有一千多元。在出火車站時，他正在考慮如何向公司解釋這個問題，忽然竄上來一個中年婦女，神神祕祕地對他說：「發票要嗎？」他愣了一下，遲疑地往前走，那敏銳的婦女好像看出來什麼，立即緊追不捨。他一念之差，鬼使神差地花了五十元買了五百餘元的各種發票。回公司報帳時，他有過愧疚感，但當他想到那只是他應得的，也就問心無愧了。

請款單送出去，老闆順利地簽了字，但是當財務部對發票進行報銷時，假發票被會計發現了，當會計告訴他那些票據是假的時候，他漲紅了臉向會計解釋，結果卻越描越黑，會計問他為什麼不先向公司解釋，他終於低下了頭。

由於這已經是非常嚴重的財務違紀，會計只能夠秉公辦理。經過公司調查，該君的確遺失了票據，復查了他以往的所有票據，證明確實是初犯，所以公司研究後決定從輕發落，他被處以嚴重警告處分。而他所持有的股份也被削減一成。

區區五百元，僅僅一念之差，或者說心中沒有誠信的標準，不僅僅為他帶來了幾萬元，甚至幾十萬元的直接損失，還為他的職場晉升設下了巨大的障礙。

可見，誠信對一個人的成功有很大的影響。所以，我們應該明白：一個人要誠實、不說謊，才能夠建立起自己的信譽，如果經常說謊，就會令人覺得你不可靠，等到你說真話的時候，別人也可能仍然不相信，到那時你後悔也來不及了。

事實正是如此，誠信是人性一切優點的基礎，世界上才華橫溢的人比比皆是，但是，才華出眾的人不一定值得信賴，只有誠信的人才值得信賴。誠信這種品德比其他任何品德都更能贏得尊重和敬佩，更能取信於人。誠信是立身之本，是一個人最寶貴的財產，它能讓孩子保持正直，抬頭挺胸、光明磊落地做人。

每個父母都希望自己的孩子具有誠信的良好品格，不喜歡孩子撒謊。但是，許多孩子卻總是說一套，做得是另一套；當面一個樣，背後另一個樣。面對孩子這種行為，許多父母既生氣又著急，對孩子來回訓斥甚至是懲罰，但是，這種方法有時卻促使孩子更擅長於撒謊了。

其實孩子不誠信的行為並不是天生的，而是由後天的某種需要引起，比如為了滿足吃的需要、玩的需要甚至是為了逃避挨罵、受懲罰。從心理學來看，兒童的道德認知和道德性為發展是緊密相連的。

道德認知決定著道德性為，道德性為又反過來體現著道德認知。但是，由於兒童認知水準跟不上道德性為，常常會造成認知和行為的脫節。許多孩子明知自己的行為是不對的，但由於意志力薄弱、自制力不強無法控制自己的行為。

孩子是否誠信大部份取決於父母的教育。對於孩子經常出現言行不一、不履行諾言的行為，家長應該多從兒童的認知發展上來找原因。不要把孩子這種行為看成是道德敗壞而打罵孩子。如果父母從小就注意對孩子進行誠信的教育，孩子是可以養成誠信習慣的。

那麼，培養孩子誠信的良好品德，應該從哪些方面做起呢？

【建議一】言傳身教

教育孩子誠信，父母首先自己就要有誠信。以誠信培養誠信，其道理是不言自明的。「人無信不立」，為了培養孩子誠信的習慣，在日常生活中，父母對待孩子一定要誠信，不要說話不算話，想要糾正孩子不守信用的行為，家長首先要做到言行一致。孩子的模仿能力很強，很容易受到某種行為的暗示。如果父母言行不一，不履行承諾，孩子就會受到暗示，跟著模仿。

在日常生活中，許多父母為了引導孩子做某件事，總是輕易地許諾下某些條件，但是事後卻沒有兌現。孩子的希望落空後，就會發現父母在欺騙自己，他就會從父母身上得到一些經驗，也就是「不守承諾是被允許的行為，大人的言行也經常不一致，所以說謊是被允許的。」等等。等到這些經驗轉化為孩子說謊的行為時，父母恐怕要後悔莫及了。

【建議二】進行誠信品德的教育

誠信是人的立身之本，父母應該加強對孩子進行誠信品德的教育，從小就教育孩子守信用、負責任。告訴孩子，一個言而無信的人，是沒有人願意

和他交往的。

進行誠信品德教育需要以實例、故事的形式講給孩子聽，讓孩子明白誠信對一個人來說是非常重要的，不誠信會帶來什麼惡果，誠信處事會有什麼收穫。

當然，誠信的品德教育必須從小時候培養，堅持不懈。大人應該教導孩子從小就做一個誠信的人，要始終如一地要求孩子，教導孩子出現缺點和錯誤時要勇敢承認，接受批評，絕不隱瞞。

為保證使誠信成為孩子的優良習慣，你可以讀一些強調誠信重要性的書籍，講一些名人誠信正直的故事給孩子聽。針對社會上那種偷拐搶騙的行為，父母要態度鮮明地進行批判，要讓孩子堅信，這種弄虛作假的行為必將受到懲罰。這樣，孩子長大以後才能成為一個光明磊落的人。

【建議三】滿足孩子的合理需要

孩子不誠信的行為大部分是出於某種需要，如果孩子合理的精神需要、物質需要沒有得到滿足，他必然會尋求滿足需要的辦法。如果父母對這種合理需要過分抑制，孩子就會換一種方式，以不誠信的行為來滿足自己的需要。

要分析孩子的需要，父母應該認真傾聽孩子的心裡話，而不要以成人的想法推測孩子的心理。當孩子向父母講述了他的需要以後，父母應該跟孩子一起分析哪些是合理的，哪些是不合理的；哪些是現在可以滿足的，哪些是將來才能滿足的。然後及時提供孩子合理的需要，對不必當時就滿足的需要就可以留到以後慢慢再說。

對於不合理的需要，則要跟孩子講道理。如果父母不善於判斷孩子的需要是否合理，試著請教老師或其他的家長，也可以閱讀相關的書籍，避免盲目行動，給孩子「可乘之機」。

如果孩子出現了言行不一致的行為，父母一定要及時指出來，嚴肅地向孩子講明道理，並督促孩子認真履行自己的承諾。同時，父母還可以跟孩子聊聊「信」、「義」在人際交往中的作用，讓孩子懂得履行自己的諾言是多麼重要。

千萬不要覺得孩子還小，或者覺得事情無關緊要就放縱他們的缺點，這

樣，孩子會不斷強化不良的行為，最後形成不良的品格，影響他的人生。

【建議四】敢於承認錯誤

在現實生活中，許多父母都有可能不自覺地對孩子講一些不誠實的話，或者自己承諾過的事情沒有兌現。這時候，父母一定要放下架子，以對等的身分向孩子承認錯誤，這樣反而會贏得孩子的信任。

誠實的品格是信任的泉源

誠實是人類的美德之一，也是做人的重要品格之一。人們都喜歡與誠實的人交往、做朋友，沒有人會喜歡愛撒謊的人，誠實的人在社會上會受人歡迎和敬重。

成功人士都認為說謊是一件很嚴重的事。在他們看來，說謊的人是不值得信任的，更不能作為合作夥伴，尤其不能當作朋友，因為誠實是做人的基本準則。

然而，現實生活中有些人卻喪失了誠信的美德，他們將說謊當作「達成目標」的藉口，堂而皇之地編排理由說瞎話對付人和事。他們不但與陌生人

打交道如此，甚至與同事、同學相處也是如此。

曉麗應邀去參加一個同學會，聚會就在召集人汪同學的家裡。這位汪小姐在知名直銷公司從事銷售工作，很有成就，業績獎金比她在媒體工作的丈夫收入高得多。

那天，曉麗進了門才發現，王牌業務銷售員果然名不虛傳——汪同學已經吸引了一大批人，正津津有味地宣講著直銷公司的各種好處！她不忍心打擾汪同學的講演，自己找了個座位，悄悄地坐了下來。

果然是受過專門培訓的，汪同學的講解深入淺出，將複雜的獲利計算方法講得通俗易懂，加入以後的發展前景更是被她描述得燦爛輝煌。說得一班聽眾心悅誠服、怦然心動，有幾個乾脆馬上就開始填表交錢。

最後，汪同學總結似地說：「我這麼告訴你們吧，即使你們一個下線也發展不了，這些營養品、牙膏等產品自己用也很好啊。我們一家人都用這個品牌，從牙膏、營養品到洗潔劑都是。」

聽到這裡，之前抱定主意「不動如山」的曉麗也不禁有點心動，她也想

買點洗潔劑回去用，買點營養品回去吃，因為這些產品的功效實在太好了。但由於內急，她必須先去趟廁所。

在廁所裡，曉麗無意中發現：汪同學所說並不是真的——她們家裡的梳洗台上赫然放著的並不全都是那家直銷公司的產品，而是被汪同學剛剛在講演中與自家品牌相比，並多次詬病的國產品牌！至此，曉麗對汪同學所說所為建立起來的信任感蕩然無存。而且，其他聽眾在去了洗手間回到客廳後也有被欺騙的感覺，紛紛將手裡的表格揉成了紙團。

從商業角度來看，汪同學這次的遊說推銷應該非常成功，她鼓動如簧之舌，打動在座的每位傾聽者的心。但她犯了一個致命的小錯誤，就是「沒有做到言行一致」。說明白一點，就是她的言語宣傳很成功，但卻嚴重忽略了環境宣傳。事實一再證明——身教重於言教。

也就是說「事實勝於雄辯」，而被汪同學所忽略了的正是事實。因此，汪同學這次的失敗也在情理之中。

也許，汪同學至今也不會後悔自己的謊話，她後悔的是自己的洗手間出賣了她的祕密，後悔自己的事前工作做得不夠縝密。那樣的做法，她的事業是不會再蓬勃發展下去的，因為她把事業建立在謊言的基礎上，那就像把房子造在沙地上一樣。試問，沒有堅實基礎的房子會牢固嗎？

一位美國政治家說過：「謊言來自卑鄙、虛榮、懦弱和道德的敗壞。謊言最終會被揭穿，說謊者令人鄙視。沒有正直、公平和高尚，就沒有人能夠取得真正的成功，贏得他人的尊敬。

說謊的人遲早都會被發現，速度甚至比他自己想像還要快。你真正的品格一定會為人所知曉，一定會受到公正的評價。」

一個人在火車上坐下後，把自己的包裹和行李放在旁邊的座位上。後來，車上人越來越多，車廂越來越擁擠。這時，有一位先生問他旁邊的座位是否有人。他說：「有人，那人剛剛去了吸菸車廂，他一會兒就回來。你看，這些東西就是他的。」

但這位先生懷疑他所說的話，就說：「好吧，我坐在這兒等他回來。」

於是，這位先生把行李和包裹拿下來，放在地板和行李架上。這個人怒目而

視，卻什麼話也說不出來。因為那位在吸菸車廂的人是他編造出來的。

不久，這個人到站了，他開始收拾自己的東西。但那位先生說：「對不起，你說過這些行李屬於一個在吸菸車廂的人。我有義務保護這些行李不被你拿走，因為你說這些行李不是你的。」

這個人發怒了，他開始罵人，卻不敢去碰那些行李。

車長被叫來了，他聽了這兩個人的話後說：「那好吧，我來保管這些行李，我會把它放到這個站的失物招領區。如果沒有人認領，那就是你的。」車長對著那個為了占座位而不認自己行李的人說。

在乘客們的哄笑和鼓掌聲中，這個人沒帶行李就滿臉通紅地下了車。才一下車，火車就開動了，直到第二天他才拿到自己的行李。

為了霸占一個不屬於他的座位，他因為撒謊受到了應有的懲罰。

現代社會，你若想獲得別人的信任與重視，就必須學會誠實。欺騙別人的人，最終欺騙的還是自己。因為欺騙能得騙得過一時，卻不能一輩子都得逞。世上沒有不透風的牆，最終欺騙、謊言還是要被現實所擊敗。

一個良好的社會環境取決於相互信任，而不是相互猜疑。如果我們言而無信，就是違背了常規。平常我們做事也難免會有不認真或不可靠的時候，這些都被視為背信棄義的行為。假如某個人或某個組織辜負了我們的信任，就會遭到唾棄，失去信譽。而一個人一旦失信於人一次，別人就再也不願意和他交往了。

很多人能成大事靠的就是獲得他人的信任。但到今天仍然有許多人對於獲取他人的信任這件事漫不經心、不以為然，不肯在這方面多花些心血和精力，這種人的成功肯定不會長久，可能不久以後就要失敗了，所以青少年應該隨時隨地注意加強自己的信用。

我們要想加強自己的信用，並非心裡想著就能實現，一定要有堅強的決心，以努力奮鬥去實現。只有實際的行動才能實現願望，也只有實際行動才能有所成就。也就是說，要獲得人們的信用，除了人格方面的基礎外，還需要自己身體力行誠信的品德。當然，這些行動可能十分微小，但它能給人留下深刻的印象。

信源於誠。誠實是一種美德，誠實比人的其他品德更能深刻地表達人的內心。誠實或不誠實，會自然而然地體現在一個人的言語行動甚至面相；不誠實的人，在他說話的每個語調中，在他面部的表情上，在他談話的性質和傾向中，或者在他待人接物中，都可顯露出他的弱點。

那麼，培養孩子做一個誠實的人，應該從哪些方面著手呢？

【建議一】制止孩子說謊的行為

面對孩子編造的謊言，爸爸媽媽需要親近孩子，去瞭解、關心孩子的心理。孩子說謊一般有兩種心理：

一、**幻想型說謊心理**。例如，有的孩子會繪聲繪影地講述他和寵物小貓玩得多麼開心，而實際上家裡根本就沒養小貓。其實，這種謊言只是孩子的幻想，反映了孩子心中的期盼，是幼兒心理發展的正常現象，是一種創造力的表現。

二、**實用型說謊心理**。這種心理就是說謊可以幫助自己逃避責任、避免

懲罰。孩子會有這種說謊心理，往往是受父母某種行為的影響和家庭教育不當造成的。當孩子做了什麼壞事，說真話承認，換來的卻是爸爸媽媽的懲罰；說假話隱瞞，得到的卻是爸爸媽媽的不再追究。爸爸媽媽的態度等於給孩子的說謊心理提供了滋生的土壤，孩子於是學會了用說謊來保護自己免遭懲罰。

發現孩子第一次撒謊時，你要耐心引導。比如孩子不敢承認水杯是自己打翻的，你就要平靜地告訴他：「這不是你的錯，因為我知道你不是故意的！」以此打消孩子的顧慮。如果孩子這時鼓起勇氣承認了，要積極地肯定他、表揚他，以此來消除孩子的緊張和恐懼心理。這樣，孩子才能勇於說真話。

如果孩子屢屢說謊，總是編造謊言博得爸爸媽媽的獎賞，或是嫁禍於人逃脫責任，你就要採取一些必要的措施。不僅要明確指出孩子撒謊的事實，認真地告訴他這樣做會有什麼不好的影響，同時也要針對他犯錯又說謊的雙重錯誤給予雙重懲罰：對他做錯事的懲罰可以輕一些，而對他說謊行為的懲罰就要重一些。孩子會意識到說謊比犯一般的錯誤更不可原諒，慢慢就會克制住自己這種想說謊的心理。

在培養孩子誠實品德的問題上，爸爸媽媽既要正確地言傳身教，又要及時地鼓勵幫助，還要注意做到尊重他，理解他，一如既往、滿懷信心地愛他。

【建議二】給予孩子充分地信任

我們經常會看到這樣的父母：他們要求孩子吃完飯在房間裡做半小時功課，結果卻每隔五分鐘進去看一下孩子是否在偷懶；他們要求孩子去買件東西，也總擔心孩子把多餘的錢拿去買零食吃。

父母們這些行為，往往導致孩子用撒謊來對抗，而父母們卻認為自己的懷疑是有根據的，這就更加滋長了孩子的不誠信，而用信任才能換來誠信。

誠實是最正確的選擇

誠實對一個人來說非常重要，「人無信不立」，一個人將來不論做什麼，要讓別人信賴你，就必須誠實，因為誠實是你的做人之本。做一個誠實的人比做一個優秀的人更重要。

很久很久以前，在一個國家裡，有一個賢明而受人愛戴的國王。但是，直至暮年，他都無法擁有自己的孩子。這件事，使他很傷腦筋。

有一天，國王想出了一個辦法，說：「我要親自在全國挑選一個誠實的孩子，收為我的義子。」他吩咐發給每個孩子一些花種，並宣布：「如果誰能用這些種子培育出最美麗的花朵，那麼，那個孩子便是我的繼承人。」

所有的孩子都種下了那些花種，他們從早到晚，澆水，施肥，鬆土，照顧得非常細心。

有個名叫湯姆的男孩，他整天用心培育花種。但是，十天過去了，半個月過去了，一個月過去了……花盆裡的種子依然如故，不見發芽。

「真奇怪！」湯姆有些納悶，他去問母親：「媽媽，為什麼我種的花不會發芽呢？」

母親同樣為此事在傷腦筋，她說：「你把花盆裡的土換一換，看行不行。」

湯姆依照媽媽的意見，在新的土壤裡播下了那些種子，但是它們仍然沒有發芽。

國王決定驗收的日子到了。無數個穿著漂亮服裝的孩子湧到街頭，他們各自捧著盛開著鮮花的花盆，每個人都想成為繼承王位的王子。但是，不知為什麼，當國王環視花朵，從一個個孩子面前走過時，他的臉上沒有一絲高興的神情。

忽然，在一個店鋪旁，國王看見了正在流淚的湯姆，這個孩子端著空花盆站在那裡，國王把他叫到自己的跟前，問道：

「你為什麼端著空花盆呢？」

湯姆哽咽著，他把他如何種花，但花種子又長期不萌芽的經過告訴國王，並說：「這可能是報應，因為我在別人的果園裡偷偷摘過一個蘋果。」

國王聽了湯姆的回答，高興地拉著他的雙手，大聲地說：

「你就是我忠實的兒子！」

「為什麼您選擇一個端著空花盆的孩子做接班人呢？」其他孩子們問國王。

於是，國王說：「孩子們，我發給你們的花種都是煮熟的種子，永遠不會開花結果的。」

聽了國王這句話，那些捧著最美麗花朵的孩子們，個個面紅耳赤，因為他們播下的是自己家裡的花種。

誠實是一面道理的鏡子，以誠待人，以誠行事，以誠立信。誠實不僅是一種勇氣，更是一種面臨機遇的抉擇。不具備誠實品德的人，就等於選擇了虛假，親手葬送了機遇。

前美國總統亞伯拉罕·林肯小時候當過小店職員，有一次，因為多收了一位顧客一分硬幣，不惜徒步走了五公里，把多收的硬幣送回到這個顧客的手中。

他這種誠實的行為使顧客很受感動，受到了高度讚賞。多年後，當上總統的林肯也正是以這種誠實的品格贏得了許多美國人民的信賴。

今天，隨著時代的發展，社會的前進，對誠實的呼喚也比以往更加的強烈，這固然是因為人們認知的進步，但更多的原因是迫於可怕的現實——有些人為了獲得利潤，得到金錢，發明了各式各樣的騙局，甚至連小孩子對欺騙和謊言都已經不再陌生，見怪不怪，甚至習以為常了：

有些小學生寫作文，為了增加文章的可信度，大量引用名人名言，在找不到的情況下，甚至用自己的話來編造「名人名言」。

有些中學生為了蹺課出去玩，就編造謊言欺騙老師；為了得到更多的零用錢，就欺騙家長；為了滿足自己一點點的小利益，就欺騙同學。

有些大學生考試作弊已經成為家常便飯，甚至是生存的手段——作弊不再可恥，已經變成正常，作弊現象日益嚴重，作弊隊伍不斷「壯大」。

在我們純淨的校園中尚且如此，社會上的不誠實現象更是數不勝數，假貨充斥，謊言盛行，騙人的把戲屢屢得手，這些既擾亂了市場秩序，又降低了道德水準，更違背了做人的基本準則。

看來，如今的誠實問題已經成為一項社會話題，誠信的缺失極其嚴重，學會誠實，已經成為每位青少年走入社會前所需要惡補的功課了

不誠實的人也越來越「進步」，各自因為不同的原因、目的和理由欺騙旁人：有的人是因為社會經驗少，曾經受過騙，對社會、對他人已經不敢也不願意相信，因此欺騙說謊成了他自我保護的工具。

有的人是為了達到自己的目標，得到自己想得到的利益，而不惜一切，不擇手段地對別人進行欺詐，因此欺騙說謊成了他獲取利益的一種手段。

也有人說自己不夠誠實是由於環境所迫、形勢所逼，是一種迫不得已的

行為。這也只能稱之為一種理由，撒謊時很少有刀架在脖子上的，要不要撒謊其實大部分都是自己的選擇。

還有人說誠實其實就是老實，這年頭老實已經不是優點了，所以誰再繼續堅持要誠實，誰就是傻，是呆，是笨，是沒能耐，是沒本事！

誠實真的是傻嗎？

不，誠實其實是另一種智慧，一種只能用心靈去感悟的智慧。當然，這個世界上有弄虛作假的存在是客觀事實，誠實的人也要懂得善於識破騙子的花招和假話。

所有的理由都是自己不能堅守高尚品德的託詞，基本上，這些人並沒有把誠實這個品德當成一種寶貴的財富來珍惜，一旦遇到「適宜」的條件，撒謊也覺得心安理得。

正是由於那些不誠實的人的存在，整個社會大環境才開始變得污濁，少了幾許清澈，人與人之間的關係才更加缺少應有的坦誠和信任。

誠然，要做到完全的誠實確實不是很容易，有時，它也需要一些付出，甚至是生命的代價，有時它需要無比的勇氣，才能戳破國王新衣中的騙局。

但無論如何，與諸多外在的財富相比，誠實這種高貴的品德，依然能夠帶給我們巨大的好處。它是一個人最重要的道德品德，是一個人立足社會的基礎，也是一個社會賴以生存和發展的基石。

誠實是一種源遠流長、亙古不變的美德。它的表現是忠誠老實，信奉真理，不講假話；反對投機取巧，趨炎附勢，拍馬逢迎，見風使舵，爭功諉過，弄虛作假，口是心非。只有做到這些，心靈才能寧靜安詳，問心無愧。

誠實是人一生當中最值得珍惜的財富，而且是一項與生俱來的財富，我們需要做的僅僅是堅守這一品德，盡可能地做到不為一己之利而採取虛偽的手段傷害他人。

當你做到這一點的時候，不論你獲得的物質財富如何，至少你擁有的精神財富是一般人所不可比擬的——智慧、勇氣、機遇，都源於你對誠實無悔的選擇。

那麼，對於一個孩子來說，要誠實做人，應該從哪些方面做起呢？

【建議一】認真對待謊言

遇到自己說了謊時，必須捫心自問的第一件事，也許就是自己為什麼要撒謊。有時為了避免傷害他人的感情，可能會說些無關緊要或無傷大雅的謊話。但在我們看來，說這類謊話時，也的的確確就是撒謊。

所以，要做到誠實，首先需要求自己「不說謊話」。你有必要瞭解撒謊的原因。有時撒謊是因為做了錯事，怕受責備和懲罰；有時撒謊是為了逞能，或者滿足自己的虛榮心。正確的做法是，將自己撒謊的原因記錄下來，隨著我們日漸成長可以隨時檢視，反省自己。

【建議二】說話要算數，要守信用

「要誠實，不說謊」，可以說是每位父母對我們最基本的要求，也是做一個好孩子最基本的條件。

父母的職責是，教育孩子答應別人的事一定要兌現，如果經過再三努力仍沒有做到，就應該誠懇地向對方說明原因，並表示歉意。最重要的是，教育孩子在答應別人之前一定要慎重考慮，認真想想自己有沒有能力做到，要量力而行。如果自己沒有能力做到，就不要輕易答應。如果自己有能力做到，也應該留下餘地，不要輕易誇下海口。這樣，孩子在答應別人時，就會有樣學像，以父母的做法為規範。

然後要做到的就是「不隱瞞錯誤」、「不要不懂裝懂」。如果你是學生，你就要做個誠實的學生，不欺騙父母，不欺騙老師，不欺騙同學，不違反校規紀律，更不要用作弊的手段取得虛假的成績。

【建議三】接受適當的懲戒

有些父母採取懲戒的方法糾正孩子說謊。這種為「戒」而「罰」，也是愛的基本方式之一，如果懲戒出於愛心，又執行得合理、巧妙，事後弄清道理，這會讓孩子終生難忘，受益很大。所以，要讓孩子真正接受父母的批評，必須接受一定的懲罰：如朗誦一個敘說誠實的故事，抄寫一段論誠實的名人名言，寫一篇討論誠實問題的日記或文章，或是禁足等。

學會與他人合作

俗話說得好：三個臭皮匠，勝過一個諸葛亮。在社會分工越來越精細的現代社會，一個人不可能完全憑藉自己的力量來完成某項事業。因為個人的力量畢竟有限。而合作則是現代人必備的一項基本素質與品格。當兩個或兩個以上的人聯合起來，並且建立在和諧與諒解的精神基礎上，這一聯盟中的每一個人將因此倍增自己的成就能力。

有一個故事是這樣的：

有一個猶太人在將死的時候被帶去參觀天堂和地獄，以便比較之後，能聰明地選擇他的歸宿。他先被帶去看了魔鬼掌管的地獄。他第一眼看上去就

覺得十分吃驚，在地獄裡放著一張直徑兩公尺的圓桌，桌面上擺滿了美味佳餚，包括肉、水果和蔬菜。圍著桌子坐了一圈人，但是，桌子旁邊的那些人沒有一張笑臉，也沒有盛宴上的音樂或狂歡的氣氛。這些人看起來很鬱悶，沒精打采，而且每個人都瘦成皮包骨。

猶太人發現每個人的手裡還都拿著一把兩公尺長的叉子。按要求這些人只能用叉子取食桌上的東西。然而，因為地獄裡的人都爭先恐後地取菜，而叉子太長無法把菜送到自己嘴裡，所以即使每一樣食物都在他們的手邊，但結果就是吃不到，一直在挨餓，因此他們急得都快發瘋了。

接著猶太人又被帶著到了天堂，天堂裡的景象和地獄裡完全一樣：同樣也放著一張直徑兩公尺的圓桌，桌面上也擺滿了美味佳餚，同樣也是兩公尺長的叉子，然而天堂裡的人卻都在唱歌、歡笑。

這位來參觀的猶太人很困惑，為什麼情況完全相同，而結果卻完全不同呢？後來他看明白了：地獄裡的每一個人都是在餵自己，但兩公尺長的叉子根本不可能讓自己吃到東西；天堂裡的每一個人都用同樣的叉子取菜，但他們卻是餵給對面的人吃，同時自己也被對面的人餵，因此，每一個人都吃得很開心。

原來，天堂和地獄的區別就在於人與人之間是不是能夠合作。天堂裡的人個個願意與他人合作，生活過得非常美好；而地獄裡的人，個個非常自私，不願意與他人合作，只想到自己，結果過得非常淒慘。

一個人要想取得成功，必須得到他人的合作，並善於借助他人的力量來實現自己的目標。而如果沒有其他人的協助與合作，任何人都無法取得長久的成功。

有一位農民，聽說某地培育出一種新的玉米種子，收成很好，於是千方百計買來了一些。他的鄰居們聽說後，紛紛找到他家，向他詢問種子的有關情況和出售種子的地方，這位農民害怕大家都種這樣的種子而失去競爭優勢，便拒絕回答，鄰居們沒有辦法，只好繼續種原來的種子。誰知，收穫的時候，這個農民的玉米並沒有得到預期的豐收，跟鄰居家的玉米相比，也強不到哪裡去。

為了尋找原因，農民去請教了一位專家。經過專家分析，很快查出了玉米減產的原因：他的優質玉米接受了鄰人劣等玉米的花粉。

農民之所以事與願違，是因為他不懂得這樣一個簡單的生活道理：給予總是相互的。我們都不是孤立地存在於社會之中的，我們都需要給予和接受。當付出了同情和友善，你也必將會收穫同情與友善。

合作不是一般的人際交往，而是為了一個共同的目標結合而成的互助互利的雙贏關係。合作的力量總是大於每個部分的總和。因此，從小培養孩子與他人合作的品德尤其重要。

一般來說，有交往與合作習慣的人，在心理學上被認為是外向的人。外向的人往往能夠自發地與人交流，做事的時候也喜歡詢問他人，獲得他人的幫助。但是，外向的性格並不是天生的，這種性格是可以後天培養的。

那麼，培養孩子與人合作的性格，應該從哪些方面做起呢？

【建議一】學會欣賞和接受別人

我們要樹立這樣一個思想，任何一個人都有他的長處，要學會真誠的欣賞。世上人無完人，三人行必有我師，切不可因為別人有這個缺點或那個毛病，就嫌棄他、疏遠他。要善於發現別人的長處，並真誠地加以肯定與讚美。

【建議二】懂得與人合作的重要性

讓孩子了解，在日常生活中，有許多行為必須要兩個或兩個以上的人合作才能完成，只憑一個人的力量是無法做到的。

【建議三】體驗與人合作的樂趣

成功的合作是孩子最好的體驗，這種體驗能夠帶來無窮的樂趣，進而促進孩子的合作意識和行為。

【建議四】在遊戲中學會合作

不少遊戲是集體進行的，許多孩子分成幾組，按照規則以小組為單位爭勝負。這時，同一小組的孩子需要齊心協力，共同合作才能取勝。如果有人自以為是，不顧別人，其他孩子就不願意再與他一起玩，他就會感受到不合作的滋味，然後想方設法去與其他人合作。

日本人非常重視培養孩子的合作精神。在日本的體育教育中，個人項目很少，基本上都是團體項目。因為他們希望透過團體性的遊戲來激發孩子們合作的精神。

其中有一個叫「人工橋」的遊戲是這樣的：全體學生弓著腰，拉著手，形成一個人工橋，其他學生就在這個「人工橋」上踏過去。這是一個非常感人的場面，做橋的孩子們都弓著背，讓自己小組的選手往上跑，一個接一個，跑過後的孩子則在隊伍前面弓下腰，再來充當人工橋。這個遊戲需要較強的合作精神，每一個做人工橋的孩子都要站得牢，才能讓其他孩子從自己的背上跑過去。

也許父母會心疼自己的孩子被別人踩，但事實上，孩子在這個遊戲當中卻學會了怎樣與人合作。

【建議五】在合作中競爭，在競爭中合作

人與人之間，合作與競爭是並存的。許多父母總是教孩子與人競爭，希望自己的孩子超過他人。確實，競爭具有一種神奇的力量，能夠啟發孩子的

積極性，激發孩子的上進心。

一項問卷調查顯示，家長最關心的是孩子的成績，最高興的是孩子在班級中成績名列前茅。這種片面強調智力競爭，忽視合作精神培養的現象是有害的。

另外，作為父母，要教育孩子端正競爭心理。競爭目的主要在於實現目標，而不在於反對其他競爭的同學。父母要教孩子把其他同學作為學習上的競爭對手，生活上的合作夥伴，千萬不可一味地把他人當成競爭對手或敵人，不顧一切地與他人對立，這種思想是不健康的。同時，父母要教導孩子與人合作的技能，教育孩子考慮集體的利益，學會在關鍵時刻約束個人的行為，犧牲個人的利益。如果孩子缺乏這種意識，與人合作是不可能成功的。

5

以思考追求成長的智慧

思考是創造力的源泉。學習知識要思考，發明創造要思考，追求人生目標也需要思考。學會思考，是人的一生中最有價值的本錢。學會獨立思考和獨立判斷，比獲得知識更重要。不下決心培養思考習慣的人，便失去了生活的最大樂趣。

成功屬於會思考的人

蘇霍姆林斯基曾說過：一個人到學校裡來上學，不僅是為了取得一份知識的行囊，主要是為了要變得更聰明，因此，大腦主要的智慧就不應該用到記憶上，而應該用在思考上。

世界著名的成功學家拿破崙·希爾曾寫了一本名為《思考致富》的書。這本書出版後獲得廣大迴響，又再版了許多次，深受廣大讀者的喜愛，因為這本書深刻地揭示了如何運用我們的大腦去獲得成功。人要取得任何意義上的成功都必須運用頭腦去思考。

事實上，有些人不論是週休或請假，都不惜將自己全部的精力放在工作上，一旦工作中斷，他們就像丟了魂似的心神不定。可是，這種人往往得不到重用，這是為什麼呢？

在某公司擔任人事職務的張中台，幾十年如一日廢寢忘食地工作，他家離辦公室有一公里路，在公司經常能聽到孩子來辦公室叫他回家吃飯的聲音。大熱天，別人都到樓下乘涼去了，只有他家的燈光是亮著的。他總是在寫那些永遠也寫不完的報告、發言稿，而且字句斟酌，認真地對待每一個數字。

上級總是拍著他的肩說，「好好做，有前途。」可是他做了幾十年了，一點變化也沒有。課長位置坐了十年，還有可能會繼續再當到退休為止，而很多在他手下工作的同仁都紛紛晉升了。為此，他非常不平，不明白為什麼自己都已經這麼認真了還沒辦法獲得賞識。

後來有個晚輩提醒他，你是在工作，不是做學問，做學問可以廢寢忘食，可以不問一切，但工作需要花費一些精力用來思考其他的事情。你一天到晚都忙於自己的工作，對周圍的人都不太熟悉，當然別人不瞭解你，所以一旦有晉升機會，也就想不起來還有你這個人值得推舉、提拔了。

拿破崙．希爾有一次去見一個專門以出售想法為職業的教授，結果在門口就被教授的祕書攔住了。拿破崙．希爾覺得很奇怪：「像我這樣有名望的人來見教授，也要擋駕嗎？」

祕書回答：「這時候，教授誰也不見，就算是美國總統來了，也要等兩個小時。」拿破崙．希爾猶豫了一陣，雖然他很忙，但他仍然決定等兩個小時。兩個小時後，教授出來了，希爾問他：「你為什麼要讓我等兩個小時？」

教授告訴希爾：他有一個特製的房間，裡面漆黑一片，空空蕩蕩，只有一張躺椅，他每天都會準時躺在椅子上默想兩個小時。而這段時間，就是他創造力最旺盛的時候，很多優秀的主意都來自於這段時間，所以這兩小時內他誰也不見。

聽著教授的講述，拿破崙．希爾內心突然湧起了一股意念：運用思考才是人生成功的要訣。由此，拿破崙．希爾寫下了使他名揚世界的著作《思考致富》。

思維是人們思考問題的過程，是人腦對客觀事物的認識過程。思維力就是解決問題的能力。日常生活中所說的「讓我想一想」，「我再考慮考慮」中的「想」、「考慮」指的就是思維。

拿破崙．希爾說：「思考能夠拯救一個人的命運。」事實正是如此，有思考力的人才會有創造力，才會掌握自己的命運。英國物理學家約瑟夫．湯姆森和歐尼斯特．盧瑟福一共培養出十七位諾貝爾獎得主，這些天才們不僅懂得如此去思考，也改變了自己的人生軌跡，而且為我們的社會發展做出了巨大的貢獻。

其實，一個人智力水準的高低，主要就是透過思維能力反映出來的。有一句話是這樣的：「教育就是叫人去思考」。孩子學習有雙重的目的：一是掌握知識，二是發展思考能力。大多數父母和教師往往只注意前者而忽略了後者，因此出現了許多學習成績較好，但思維能力較差的「高分低能」兒童。可見，培養孩子廣闊、靈活、敏捷的思維能力，對開拓孩子的智慧極為重要。

那麼，培養孩子思考的良好習慣，需要從哪些方面做起呢？

【建議一】教孩子學會自己處理問題

孩子的學習、生活中，經常會出現各式各樣的問題，對於孩子的問題，父母不要全盤接收，應當與孩子一起討論、共同設計解決方案。在這個過程中，孩子需要分析、歸納，需要設想解決的方法與程式，這對於提高孩子的思維能力和解決實際問題的能力大有好處。

【建議二】勤於向孩子提問

父母要經常性地對孩子提出一些他們感興趣的問題，藉此引導孩子積極思考。孩子只有經常性地處於被提問的情境中，才會養成經常性思考的習慣，同時常常提出自己的疑問。

愛因斯坦之所以能成為一個偉大的科學家，有一個突出的特點是愛提問，用他自己的話說「我沒有什麼特別的才能，不過喜歡尋根究底地研究問題罷了。」他認為「想像力比知識更重要，因為知識是有限的，而想像力概括著世界上的一切，推動著進步，並且是知識進化的泉源。」

諾貝爾獎得主赫伯特．布朗也這樣說過：「我的祖父常常問我，為什麼今天與其他日子不同呢？他總是讓我自己提出問題，自己找出理由，然後讓我自己知道為什麼。我的整個童年時代，父母都鼓勵我提出疑問，從不教育我依靠信仰去接受一件事物，而是一切都求之於理。」

要做一個善於向孩子提問的長輩，如此可以給孩子良好的身教，他們會明白「父母經常會提出一些問題，所以我也應該多提提問題」。父母們還可以與孩子比賽提問，透過競賽的形式，提高孩子們提問的興趣，進而養成提出疑問的習慣。當然，我們在向孩子提出問題時，內容要符合孩子的年齡和知識範圍，不能提得太難或太簡單，不然都會使孩子感到挫折，降低思考的積極性。

【建議二】敢於發表自己的意見

在民主、平等的家庭氛圍中成長的孩子，比較敢於發表自己的意見，思維比較活躍，分析問題也比較透徹。而在專制的家庭氣氛中成長的孩子，則不敢暢所欲言，容易受家長的暗示而改變主意，或者動搖於各種見解之間，或者盲從附和隨波逐流，這就影響了其思維獨立性的發展。

父母要鼓勵孩子勇敢發表自己的看法，在孩子發表自己的意見時，哪怕是錯誤的，父母也應讓他說完，然後再給予恰當的指導。對於孩子的正確意見，父母應該肯定、表揚，讓孩子增強發表意見的信心。

【建議四】培養孩子的探索精神

許多孩子都有較強的好奇心，喜歡「打破砂鍋問到底」，每當見到一個新事物，總想更深入地去瞭解，往往會不自覺地摸一摸、問一問、拆一拆、裝一裝。許多父母對孩子的這些行為很是煩惱，經常批評孩子甚至恐嚇孩子，其實，這些都是孩子喜歡探究事物，以及旺盛求知欲的表現，父母的呵斥會影響孩子思維的積極性。

正確的做法應當是因勢利導，鼓勵孩子的探索精神，給孩子天馬行空的自由，並啟發孩子「異想天開」。例如，允許孩子以突破常規的思維模式，從另一個角度去思考問題，孩子就會發現平時盛飯的碗其實就可以用來當樂器，平時裝熱水的熱水瓶還可以用來煮粥，這就是「發散思維」或「求異思維」。這種發散性的思維模式可以讓孩子在學習時不盲目聽從，解決問題時善於從多方面考慮，進而提高孩子的學習興趣和思維能力。

【建議六】豐富自己的知識與經驗

許多孩子之所以不能好好地運用思考能力，不是不知道思考的方法，而是在邏輯思考或者推理的時候，往往因為知識和經驗有限而無法得出準確的結論。因此，父母要注意補充孩子豐富的知識與經驗，讓孩子拓展思維的領域。

著名的化學家門捷列夫，因制定了元素週期表，所以在化學研究的發展上有著無法替代的地位，但他不僅是懂化學，還對物理、氣象等科學領域都有涉及，這些知識幫助他制定出元素週期表。

孩子的知識越豐富，思維也就越活躍，因為豐富的知識和經驗可以使孩子產生廣泛的聯想，使思維靈活而敏捷。

質疑是創新思維的源泉

古人云：「學貴多疑。」之所以提出問題，是因為接收了訊息後，經過思考發現有不懂的地方，然後提出疑問。不懂得質疑就不容易進步，多疑好問，經由思考解決了問題也就獲得了知識，增長了學問。

質疑就是對於各種問題都要持懷疑、好奇的態度進行思考。意識到問題的存在是思維的起點，沒有問題的思維是膚淺的思維。有了問題才會思考，思考才能找出解決問題的方法。只有當感到需要問「為什麼」、「是什麼」、「該怎麼辦」時，思維才是主動的，才能真正深入思考。

在伊利諾州有個故事是這樣的。有位小學生馬力在寒假作業的讀書活動

中，閱讀了一本著名的童書，發現了幾處拼音錯誤。後來，小馬力乾脆一邊閱讀一邊為這本書記錄下來所有的「錯誤」。

讀完書後，他總共查出了二十幾個錯誤的拼音，並動手列了一張表，將這些錯誤詳細地整理出來，然後寫給出版社一封信，和那張表一起寄了出去。

一個月後，出版總編輯室主任回信了，不但對馬力的來信表示感謝，對工作的失誤表示歉意，還送給他一套百科全書。馬力的舉動，獲得電視新聞的採訪。

在很多家長看來，書本是「神聖」的，權威「高不可攀」，一個小學生寫信向權威的出版社「挑戰」，不是有點太自不量力了嗎？然而根據創造心理學研究成果：敢於主動向書本、向權威人士發起挑戰的孩子，有著很強的獨立思考能力和創新精神。

沒錯，書本知識是千百年來人類經驗和感悟的結晶，沒有書籍，知識的傳播將發生困難。但如果惟書本是從，對書本上的知識不敢分析，不能批判，就會僵固一個人的思維。孟子在幾千年前就發出了「盡信書不如無書」的吶喊。如果馬力慣於「惟書是從」，那麼當他發現這些錯誤的拼音時，也許認為是自己錯了，不會懷疑書本上的資訊有誤。

雖然指出的只是幾個錯誤的拼音，但是這種敢於懷疑權威的開拓精神實在值得嘉獎，這種精神正是以「聽話」著稱的大多數東方小孩所缺少的東西。

在美國，曾經有一位小學一年級的男孩，在上課時老師正在教他們：「二加二等於四」。

不料這個看上去有點呆頭呆腦的男孩問老師：「為什麼是四？」

老師有點生氣地說：「二加二就是四啊！」並且用手指比劃著：「一、二、三、四，你看，不就是四嘛！」

對於老師的回答，這個男孩仍然不滿意，繼續問道：「為什麼就是四呢？」

老師覺得這個孩子的腦子一定有問題，生怕班上的其他孩子受到不良的影響，就把他的媽媽叫到學校，告訴她：「妳應該把他帶回家去好好教導，否則會給大家帶來很大的麻煩！」

但是，這位聰慧的媽媽並不同意老師的說法，反而認為自己的孩子聰明且出類拔萃，所以高高興興地辦了退學手續，因為她要在家中親自教育這個別人眼裡的「問題孩子」。

這位對「二加二等於四」發出質疑的男孩是誰呢？他就是改變了整個人類生活的大發明家愛迪生！

但在現實生活中，許多孩子就沒有這麼幸運了，因為他們也許不會擁有像愛迪生媽媽那樣慧眼獨具的父母。

確實，孩子有著問不完的問題，有的問題是一些稀鬆平常的事，但孩子卻不停地問：「為什麼？」如果父母能夠正確引導，孩子的求知欲必定會越來越旺盛，因為孩子的好奇心正是從探究新奇事物時，問不完的「為什麼」開始的。

有個男孩，經常纏著媽媽講故事給他聽。一天，媽媽為他講了聰明的小白兔戰勝可惡的大灰狼的故事，他不解地問媽媽：「為什麼小白兔就是好的，大灰狼就是壞的呢？」

媽媽先是愣了一下，接著狠狠給了兒子一個耳光，她聲色俱厲地說：「笨蛋，這難道還用問嗎？」

男孩「哇」地一聲哭了。媽媽不耐煩，又狠狠地打了兒子兩下說：「哭，哭，有什麼好哭的，這麼笨還好意思哭！」

男孩莫名其妙地挨了打，卻不知道自己錯在哪裡。

那天晚上，他躺在床上，心裡忿忿地想：「妳是大人就可以不回答我的問題，就可以不講理嗎？妳力氣大就可以隨便打我嗎？」從此他不再纏著媽媽講故事，也失去了聽故事的好奇心，但心中卻留下了仇恨。

十三歲時他因為打架傷人進了少年感化院，現在還在感化院裡上高二。他那有著研究所學歷的媽媽，怎麼也不會相信，自己一記重重的耳光，不僅剝奪了兒子的提問權，也打走了兒子的好奇心，打掉了兒子的自尊心。

翻開歷史不難發現，幾乎所有的科學家小時候都有超出常人的強烈好奇心。像居里夫人、達爾文等，他們都是從幼兒時期便有了相當強烈的好奇心，也正是好奇心的驅使，使他們問了許許多多的「怪問題」。強烈的好奇心才讓他們產生了探究事物真理的強烈意念。

大科學家愛因斯坦在回答他為什麼可以如此出色時說：「我沒有什麼特別的才能，不過喜歡打破砂鍋地追究問題罷了。」愛因斯坦認為，提出問題比解決問題更加重要。他說：「在科學的研究中，發現問題比解決問題難得多，也更有意義。解決問題只是實驗手段的問題，提出問題則需要改變思維方法，有創造能力才行。」

大文學家巴爾扎克也說：「能夠打開一切未知的鑰匙，毫無異議的就是人們腦中的問號，我們大部分的偉大發現都應歸功於『為什麼』三個字，而生活的智慧大概就在於逢事都問『為什麼』。」

喜歡質疑的人總是能夠取得成就，著名的數學家希爾伯特就是這樣。希爾伯特是一個想像力異常豐富、善於提出問題的人。在一九〇〇年第二屆國際數學家大會上，他做了題為《數學的問題》的報告，一舉提出了當時數學領域中的二十三個重大問題。這些問題，後來被稱為「希爾伯特問題」。它們的提出，有力地促進了數學的發展。為此，希爾伯特說：「只要一門科學分支能提出大量的問題，它就充滿著生命力，而問題缺乏，則預示著獨立發展的衰亡或中止。」

諾貝爾獎獲得者李政道認為，「學問」這兩個字中，第一個字「學」和第二個字「問」，意思就是一定要學著怎樣去問問題，才是真正的學問。他在一次與大學生的座談會中曾經說過這樣的話：「同學們在一些觀念問題上有沒有提出疑問？比如在面對牛頓的學說時會不會問：『我為什麼要學習它？為什麼它不可能是不對的呢？……你的老師講牛頓軟科學，為什麼是對的呢？根據是什麼？』如果到了你們的年紀還沒有這樣的態度，將來就做不了第一流的工作。」

科學家伽利略還在義大利比薩大學擔任青年教師的時候，閱讀了亞里斯多德的著作，對書中所說「落體的速度與落體的重量成正比」這句話產生了懷疑，因為他經由鐘擺的實驗發現，在忽略空氣阻力的條件下，落體的速度與重量無關。

他帶著這個疑問向老師請教，卻遭到老師的訓斥：「亞里斯多德是我們的先哲，對他的話要堅信不疑，否則就是背叛！」但伽利略並沒有被嚇倒，為了為自己的觀點增加說服力，他親自在比薩斜塔上作了轟動世界的「自由落體運動」試驗，透過實踐質疑，糾正了大學問家亞里斯多德流傳一千多年的「定律」。

事實上，質疑是創新思維的源泉。對於一切總是不經思考，只是繼承書本上的知識，把自己的大腦當作裝知識的簍子，這樣的孩子是無法獨立思考的。

因此，父母應該注意培養孩子質疑的習慣，對孩子的質疑應該持鼓勵的態度。有些父母認為，孩子提出疑問是故意刁難自己；許多父母出於保護自己的自尊，竟然一口回絕了孩子的提問，甚至訓斥、恐嚇孩子。這其實是非常不明智的。

那麼，培養孩子質疑的良好習慣，應該從哪些方面做起呢？

【建議一】正確對待孩子的提問

提問，是孩子的權利。面對成年人司空見慣的世界，孩子常常會提出絕大部分成年人沒想到而且回答不了的問題，這正是孩子好奇心的表現，如果扼殺了孩子的好奇心，就扼殺了孩子的創造力，甚至會給孩子一生帶來負面影響。

每個人在成長的過程中看到自己不瞭解的事物都想探個究竟，小的時候更是這樣，孩子會對自己所看到的一切感到驚奇，常常會向父母問這問那，久而久之即使最有耐心的父母也會感到麻煩、疲勞，其實他們往往忽視重要的一點，好奇心是促使孩子創新思維的良機。

好奇心不是憑空產生的，它是可以培養的。教育專家認為，培養孩子質疑一切的習慣，就是要順應孩子對事物的好奇心，因為好奇心是孩子探究世界未知事物的心理動力。

事實上，提問是孩子的天性。而且，孩子由於思維的不成熟或者某方面知識的欠缺，提出的問題在成人看來往往很可笑。這時候，父母千萬不要嘲笑孩子的幼稚。但是，在現實生活中，許多父母正是因為怕麻煩或其他原因，

不願意認真回答孩子的問題，或者敷衍了事，孩子善於質疑的好習慣就慢慢失掉了。

高爾基曾經說過：「面對兒童所提出的問題，如果只回答說：『等你長大了就會懂。』這等於打消了兒童的求知欲。」

孩子能夠提出問題，說明他經過了認真的思考。不管孩子提出的問題多麼天真幼稚，多麼搞笑、不可思議，父母也要抱以鼓勵的態度，保護孩子這種用心思考的精神。

當然，父母對於孩子問題的回應方式應該有所區別，對於孩子能夠自己解決的問題，父母最好鼓勵孩子自己去解決。這樣，不僅解決了孩子的問題也可防止孩子養成依賴父母的習慣。如果父母也無法回答的，要引導孩子進一步學習知識，自己去尋求答案。

【建議二】給孩子一個準確回答

對於孩子的問題，父母要特別注意的是，一定要給孩子正確的回答千萬不能胡編亂造矇騙孩子。一旦孩子發現父母在唬弄他，他就再也不會有質疑

的習慣了。

事實上，父母不可能知道每一個問題的答案。對於孩子所提出較深奧的問題，父母不知道怎麼回答，或者有些問題的答案可能不健康，或不便於直接告訴孩子，應該怎麼辦呢？遇到這種情況，也要正確處理。

最好的辦法就是引導孩子看書，可以謙虛地告訴孩子：「你提的問題真好，但這個問題我也不懂，等我查完書再回答你，或者你自己查書找答案，好嗎？」

當然，父母最好親自與孩子一起去找答案，這顯示了父母對孩子疑問的重視，也是對孩子的一種鼓勵，提高了孩子提問題的興趣。

許多父母常犯這樣的錯誤，當孩子提出一個他們答不上來的問題時，為了不在孩子面前丟臉，他們就隨便給孩子一個答案，有時甚至是個錯誤的答案。在教育上，再沒有比教給孩子錯誤的東西更可怕的了，這個錯誤有可能影響孩子一生，因為孩子最初的印象往往是最深刻的。

父母在為年齡小一點的孩子解答問題時，要儘量做到完美，並充分考慮到孩子已有的知識與思維能力，考慮孩子是否能完全接受。如果父母隨便給孩子一個過於深奧的答案，其結果是孩子仍然解不開心中的疑團，會一直不停地追問下去。很多父母就是這樣被孩子問煩了，還反過來將孩子訓斥一頓。

當孩子所問的問題，父母回答不上來時，要向孩子承認：「這個爸爸（或媽媽）也不懂」。要和孩子一起翻書，或者利用其他途徑來尋找答案，這樣還能順便激發起孩子對於知識的渴望和求知興趣。

等到孩子再大一點，懂的知識更多一點，父母在回答孩子的「為什麼」時，不妨讓孩子先想一想，而不是馬上給出答案，要多提一些問題來開拓孩子的思維。

提示孩子如何去思考，讓孩子自己去想。偶爾遇到難以解決的問題，如果孩子真想不出來，再告訴他答案也不遲。

父母要經常以啟發、誘導的方式，為孩子提供思考的空間，讓孩子的思考能力得到盡可能多的鍛鍊，孩子所問的問題會越來越深刻，其創造意識也會越來越強烈。

【建議三】多對孩子提問

問題是思維的起點，如果孩子經常面對各種問題，大腦的思維就會比較活躍。因此，父母希望能提高孩子的思維能力，就要多向孩子發問。

每個孩子的思維方式都是不一樣的。但是，與大多數人相異的思維並不代表就是錯的，其實，人云亦云的人才是沒有思考能力的。

學會獨立思考

學會獨立思考，對一個人成長極為重要。美國偉大的科學家愛因斯坦說過：「學習知識要善於思考、思考、再思考。」在歷史上任何一個重要的科學創造和發明，都和發明者獨立深入看待問題的思維方式息息相關。」

一個孩子如果沒有獨立思考和判斷的能力，那也許終其一生都會缺乏獨立性，更別說能有什麼突破和創造了。所謂獨立思考，就是孩子自己做主，對事、對人、對難題，按照自己的方式進行思索、得出結論或找到解決問題的辦法。

然而，現實生活中的許多孩子在遇到疑難問題時，總希望家長給他答案。

如果父母對孩子有問必答，雖然解決了孩子當時的問題，但從長遠來說，孩子會養成依賴父母的習慣，遇到問題時不會獨立思考，不會自己去尋找答案，這對孩子智力的發展沒有好處。

美國歷史上著名的家庭教育專家、暢銷全球的《自然教子書》的作者斯托夫人說：「一個人是否具有獨立思考與判斷的能力，往往是這個人能否成功的決定因素。為了使女兒從小養成獨立思考的習慣，我的辦法是儘量讓她自己的事自己做，並耐心地聽她說出自己的想法。」

在女兒蕾特的生活上，斯托夫人儘量多給女兒自己思考和決定的機會，在學習上更是如此，斯托夫人從不輕易地幫助女兒解決某個問題，就算只是做一點小小的提示也很慎重。她認為：對於孩子而言，能自己獨立思考、自己做出判斷、自己解決問題才是最有意義的事。至於女兒給的是不是正確答案，相對而言就顯得沒有那麼重要了。因為這不僅能夠培養孩子自主學習和解決問題的好習慣，更有利於創造能力的開發。

能不能進行獨立地思考，這是區分傑出人才與庸才的一個基本的界限。

為了讓孩子成長為能夠真正進行獨立思考和判斷的人才，父母應該從小就儘量為孩子提供獨自思考和解決問題的機會。在這一點上，許多父母做得遠遠不夠，許多父母因為太「愛」孩子了，捨不得讓孩子吃苦，對孩子吃飯、睡覺、玩耍、交友等方面都親自準備得面面俱到，甚至有的父母恨不得替孩子參加考試、寫作業！既然有父母事事操心，孩子就大可不必獨立思考、獨立判斷、獨自做決定了，久而久之，孩子也就離不開父母這根「思考拐杖」了；一旦離開，就免不了會重重地摔倒在地上。

斯托夫人的教育方法，對家長們是有啟迪作用的。不要再替孩子攬下一切了。應該讓孩子自己去思考，摸索適合自己的學習方法，不斷地學習經驗、吸取教訓，提高自學能力。不要怕孩子犯錯，允許孩子在自己做主學習、思考、交往的過程中，出現混亂、困惑和決策反復的情況，緊緊地抓住這些契機，給予孩子支援和鼓勵，讓他們在親身體驗中進行自我教育，在自發主動中增進獨立思考和判斷的能力。父母們應該明白：讓孩子擁有一個善於獨立思考的大腦，遠勝過留給他萬貫家財。

那麼，培養和發展孩子獨立思考的能力，需要從哪些方面做起呢？

【建議一】要有主見

獨立思考與人云亦云的思考模式是相對立的。別人說什麼，就單純地相信對方，這種缺乏個人主見的思考模式非常不好，甚至會得到「牆頭草兩面倒」的評價。所以要培養孩子有自己的主見，一個具有創造心理，能夠利用創造思維，進而創造活動的人，就是一個有主見的人。創造性就是要克服人云亦云，提出不同於他人的新概念、新觀點、新方法。

在日常生活中，當孩子說出與他人不一樣的想法時，父母千萬不要喝斥孩子，反而要鼓勵孩子，即使孩子提出的想法不完全正確，也要充分肯定他的勇氣，鼓勵孩子說出與他人不一樣的想法。

牛頓是舉世公認的物理學大師，牛頓定律是不容置疑的，但愛因斯坦並不盲目遵守牛頓的力學基礎，才得以獨立自主地創立相對論力學，可見培養獨立思考能力的重要性。如果把知識記憶與獨立思考加以比較，那麼一個人

的獨立思考遠遠優勝於知識的記憶。比如，愛因斯坦苦於記憶，但是他的獨立思考能力強，因此他創立了相對論，掀起了一場自然科學的革命。

【建議二】要主動思考

一般來說，人的思考有三種情況：進行思考，被動思考，主動思考。「進行思考」是資訊流過腦海，一流而過，不能留下多少痕跡，不能提高思維能力。例如一個終日忙碌的打字員，儘管一生中有數以萬計的文章從他手中打過，但他自己最終不能寫出一篇文章來。因為打字員的工作處於「進行思考」的水準。「被動思考」就是別人告訴你什麼，你就掌握什麼，缺乏獨立地發現知識，解決問題的能力。

聰明的父母在面對孩子的問題時，會啟發孩子去想，去分析，去運用自己學過的知識和經驗，看書，查參考資料等，讓孩子自己去尋找答案。孩子在尋找答案的過程中，思維能力就會得到提高。如果孩子實在無法獨立解決問題：父母可以示範，引導孩子請教他人、查閱資料、反覆思考，讓孩子學習獨立思考的方法，這對孩子的影響是非常大的。

【建議三】要攻難克易

培養獨立思考能力，不僅要不斷地訓練攻克難關的毅力，而且要儘量地避免因為事情太容易而忽略掉的習慣。

一位數學教授曾對青年同學說過，妨礙人們獨立思考能力發展的原因有兩個：一是怕難，二是忽略容易。怕難的人碰到困難問題總是習慣繞道而行，不願意進行獨創性的思考，不願意動腦筋。

另一種人，則是把問題看得太過容易，許多問題自滿地認為不需要動腦筋進行獨立思考，這就喪失了許多深思熟慮地思考問題的良機，也錯失了許多培養獨立思考能力的機會。

為了克服以上兩種妨礙獨立思考能力發展的障礙因素，最好的辦法就是從根本做起，在思想中刻下「攻難克易」的意識，並在實踐中強化這樣的訓練。在攻克難關方面，應有意識地選擇一些智慧價值高的難題來思考，既能培養戰勝困難的韌性和頑強意志，又可以因為這些高智慧負荷的壓力，深度開發腦力，進而有助於獨立思考能力的形成。

【建議四】教育孩子觀察與思考相結合

在培養孩子觀察的同時，還應引導孩子在觀察中積極思考，把觀察過程和思考結合起來。科學家看到某種奇特現象，也是要經過一番思考才能有所收穫。單單只接收資訊而不處理資訊就不可能創造。

父母應當教育孩子養成觀察與思考的習慣，只有如此才能讓孩子的觀察能力一天天敏銳起來。

6 以寬容諒解 走出成長的狹隘

寬容是一種博大而深邃的胸懷，是人類的美德之一。一個寬容的人是厚道、耐心、開明、謙遜、友善的人，同時也是有深謀遠慮和聰明智慧的人。懂得寬容的人在給別人一個寬鬆環境的同時，也給自己一片廣闊的空間，讓別人好過，也讓自己更快樂的生活。因此，在這個多姿多彩的世界上，誰懂得寬容，誰就擁有了世界。

寬容是一種修養和胸懷

寬容是一種胸懷。寬容是融化怨恨、化敵為友、緩和矛盾的最佳方法。要知道：寬容他人，可為他人也為自己開啟許多扇門，也可以滋潤自己和別人的靈魂。

寬容是快樂之泉源。寬容，可以獲得一種心情舒暢的生活氛圍，給自己一個輕裝出發的動力。我們一旦學會了寬容，就能讓自己心曠神怡，左右逢源。

曾有人問過湯瑪斯．阿爾瓦．愛迪生，要他談談對小時候打聾他耳朵的那位列車員的看法。令人意外的是，愛迪生並沒有大肆地辱罵那位列車員，他不以自己的聲望去壓倒列車員，而是幽默、機智地回答道：「我感謝他，感謝他給我一個無人喧囂的環境，使我能夠專心致志地完成更多的試驗、發明！」愛迪生不僅寬容地對待了這位列車員，而且從這次不幸中找到了發明創造的動力與源泉。

事實上，這種寬容並不是每個人都能夠做到的，明知是對方無理，或者是對方錯了，卻不爭不鬥反而退讓，雖然自己吃點小虧，但使別人不受傷害。這種寬容的精神是難能可貴的。

寬容是一種美德，它像催化劑一樣，能夠化解矛盾，使人和睦相處。諸如「退一步天高地闊，讓三分心平氣和」、「大肚能容，容天容地，容天下難容之事；開口便笑，笑古笑今，笑古今可笑之人」這種不重表面形式的輸贏，而重思想境界和做人水準高低的行為是高尚的。

正如有位哲人所說：「寬容是需要智慧的。」寬容展現出一個人的素養與氣度，展現出人的思想水準。

比如，在公共汽車上，一位男士無意中踩到了一位女士的腳，男士立即

致歉：「對不起，踩到您了。」不料女士燦爛一笑：「不，說對不起的應該是我，我的腳伸得太長了。」就這一句，立即贏得滿車廂乘客的一片讚許。再試想，如果此時此刻，女士怒目，男士反擊，互不相讓，一時間烏雲滾滾電閃雷鳴，車廂成了火藥庫，何美之有？

善待他人的短處，可以使我們與他人和睦相處；寬容對待他人的長處，可以使我們不斷進步。只有一個擁有智慧的人，才會學習在心中留出一片天地給別人。

現在的孩子許多是獨生子女，在父母或祖父母的溺愛下，他們習慣於以自我為中心，不管發生什麼事情，很多人最先想到的是自己，而不是別人。如果別人做錯了事，根本沒有一點寬容之心，往往逮住他人的缺點不放。

美國密西根州立大學曾經對中小學生做了一次抽樣問卷調查。其中，有一個問題是這樣的：「當你討厭的同學需要你的幫助時，而且你能幫助他，你會幫他嗎？」

對於這個問題的回答，表示願意的小學生、國中生和高中生分別是五十九・八%，四十一・七%和三十七%。由此可見，雖然不少孩子對於他人的主動求助表示願意幫助，但是，從小學階段到高中階段，表示願意幫助他人的人數是遞減的。在調查中，還有一個問題是這樣的：「對於過去欺侮過你或嚴重傷害過你的人，你會怎麼辦？」

對於這個問題，只有二十九・九%的學生表示會原諒他，有近二十四%的學生表示很難原諒或絕不原諒，其餘的學生則表示原諒但不忘記。從中我們也可以看出，能夠主動寬容別人的孩子實在太少了，而事實上，寬容是一種重要的美德。

現代科學研究顯示，寬容有利於一個人的健康長壽。美國密西根州立大學的研究人員進行的一項研究就發現，當人們想要報復他人時，血壓會明顯上升；而在寬容他人時，血壓則顯著下降。因此，青少年要保持健康的心理，就必須學會寬容別人。

那麼，培養孩子寬容的良好品德，應該從哪些方面做起呢？

【建議一】允許失敗

實踐證明，「可以失敗」要比「不准失敗」更能減少孩子的失誤。本田宗一郎先生說：「不能怕失敗，之所以不能怕失敗，是因為一旦怕失敗就什麼也做不成了。」

孩子想做某種新的事情時，大人比孩子更瞭解失敗的可能性，便在事前經常說「弄錯了可不行」、「別弄錯了」。但是，這樣不但沒有達到鼓勵的作用，反而給孩子增加了壓力，使其畏縮不前。而且，孩子會從父母的話中得到「恐怕會失敗」的暗示，反而易於出現失敗。

且更進一步，孩子由於過於擔心失敗，認為什麼都不做就不會失敗，因此便失去了做事情的積極性，甚至會陷入對一切都無能為力的心理狀態。

當孩子主動地要去做某件事情時，即使大人知道有可能失敗，也要讓孩子去試試看，這是很重要的。換言之，大人有時需要有給孩子提供失敗機會的膽量。另一方面，孩子經常會產生大人所想像不到的神奇思考能力和不受常識束縛的自由想像。

如果大人以不能失敗的消極主觀臆斷對其加以限制，並教訓其「不能做」，將會使潛在孩子身上無限的可能性發揮不出來。大人如果感到對孩子做什麼都不放心，而對其進行多餘的關照與幫助，也會剝奪孩子的積極性，妨礙其成長。

【建議二】注意自己的言行

父母日常生活的一言一行都無不對孩子產生影響。儘管你也會經常給孩子講道理，但你的行為卻會對孩子產生更深的影響。當我們禮貌而和善地對待他人時，我們的孩子就會學到我們的好；當我們心胸狹窄、自私自利時，我們的孩子也同樣學到了這些東西。

如果我們為了推掉一個不願參加的約會而說謊，或者我們因為不想聽電話而要孩子告訴人家我們不在家時，我們便在孩子的心靈中播下了撒謊的種子，受過騙的孩子會去騙人。在家裡得不到父母寬容的孩子將來很難做到寬容別人。

此外，父母最好不要在孩子面前以自己的眼光議論其他小朋友的缺點，這樣容易讓孩子對其他小朋友過於挑剔。相反，父母要盡可能表揚其他小朋友的優點，讓孩子明白每個人都是有優點的，不要使自己的孩子產生一種以自己為中心的思想，這非常不利於培養孩子寬容的優秀品德。

【建議三】要講原則

現在的孩子不聽話，脾氣大。其實是父母「刀子嘴，豆腐心」的結果。面對孩子的不合理要求，我們大人態度要平靜，但需堅持原則不讓步。原則就像高壓電，說不能碰就不能碰。但態度要平靜而理智，而不是踐踏孩子的自尊，用情緒傷害孩子。

父母嘴巴不節制，用發洩情緒的方式對待孩子，不堅持原則，則他們在孩子面前是毫無威信可言的，他們只能教育出任性，頑劣的孩子。

有原則的愛，是理智的愛。而要堅持這種愛的原則，作父母的有時也得要狠下心來。比如：「當孩子哭著要東西時，父母應該怎麼辦，是給還是不給？」

法國著名教育家盧梭給了我們一個最好的答案：「當一個孩子哭著要東

西的時候，不論他是想更快地得到那個東西，還是為了使別人不敢不給，都應當乾脆地加以拒絕。」「如果你一看見他流淚就給他東西，就等於鼓勵他哭泣，是在教他懷疑你的好意，而且還以為對你的耍賴比溫和地索取更有效果。」

無數事實證明，父母的「不遷就」，帶給孩子的是持久的耐力和樂觀的心態。從小經歷挫折的小孩學會了接受現實，能夠調整自己的行為來適應社會的規範。他善解人意，凡事先為別人著想，發生利益衝突時，他總是自覺地調整自己去適應別人，從不強求別人來遷就自己。最重要的是，他從中獲得了很大的快樂，為自己能夠解決一個又一個的難題的感到自豪。

【建議四】教會孩子「與人為善」

在教孩子善待他人的時候，父母可以透過角色互換的方法讓孩子擺脫以自我為中心的不良想法，學會心中有他人，寬容他人。事實上，只要孩子學會了寬容，他就會贏得朋友，就會真正體會生活的快樂。

寬容是一種美德，在生活中，即使別人錯了，無禮了，你若能容忍他人，寬容他人，同樣能獲得信任和支持，同樣能得到別人的友善相待。

【建議五】尊重別人

人與人之間應該是互相平等、互相尊重的。有些中學生，一方面表現為把自己的意志強加於別人，另一方面表現為強求別人適應自己。這樣的結果，必然是苛責別人。

在生活中，在與人交往中，切不可因為別人有某種缺點就橫加挑剔、指責。過分苛求別人，到頭來會發現自己成了孤家寡人。要承認每個人都有自己的個性，有自己的生活方式，有值得尊敬的地方。

待人講禮貌，不勉強別人按照自己的意志去行事，有時不妨配合他人的想法。形成尊重他人的習慣和態度的時候，就能自覺地待人以寬了。

讓孩子擁有一顆寬容的心

寬容是一種良好的個性特質，它表現在生活中的各個方面。對他人寬容，就是克制和忍讓，原諒他人的過失；對自己寬容，意味著豁達、樂觀的心態。

寬容他人，一方面要容他人之長，不嫉妒，不蔑視，取人之長補己之短，才能互相學習，互相促進，學業才能更為精進；另一方面寬容他人的短處，原諒別人對自己的傷害。而寬容自己，包括容忍自己犯的錯，不後悔，不憤怒，不因為他人的過失而生氣，影響自己的生活和前程。

寶霞最近心裡非常的煩悶。由於她工作努力，肯吃苦，前不久被提升為設計部經理。這原本是一件很令她振奮的事情，可是在她興奮的心都還沒有

過去之時，煩惱便來了。

自從她升職以來，她總是覺得自己和同事之間都不像以前那樣和諧友好了，以前大家在午休的時候，總是湊在一起說說笑笑的，一點也不避諱，可是最近，同事們對她都很冷淡，即使碰面打招呼的時候，臉上也是毫無表情，冷冷的。而且她還隱隱約約聽到有人在議論她，她知道，很多人都在懷疑她的水準和能力。

由於她的心裡總是想著這些，所以工作上總是出差錯，整個人的精力也變得很差。這一天，總經理以朋友的占把她約到了一家西餐廳。

「寶霞啊，妳最近精神這麼差，是不是家裡出什麼事啦？」

「沒有！」看著總經理慈父般的面容，寶霞的眼淚不由地滑落了下來。

總經理對她的反應深感意外，不安地詢問道：「是不是工作上出現什麼問題了？」

在總經理的關心詢問下，寶霞終於把心底裡的委屈統統倒了出來。聽完她的話，總經理沒有說什麼，只是給她講了一則故事。

宋朝郭進任山西巡檢時，有個軍校到朝廷控告他，宋太祖召見了那個告狀的人，審訊了一番，結果發現他在誣告郭進，就把他押送回山西，並交給郭進處置。有不少人勸郭進殺了那個人，郭進沒有這樣做。當時正值遼國入侵，郭進就對誣告他的人說：「你居然敢到皇帝面前去誣告我，這也說明你確實有點膽量。現在我既往不咎，赦免你的罪過，如果你能出其不意，消滅敵人，我將向朝廷保舉你。如果你打敗了，就永遠別來見我。」那個誣告他的人深受感動，果然在戰鬥中奮不顧身，英勇殺敵，後來打了勝仗，郭進不記前仇，向朝廷推薦了他，使他得到提升。

在講完這則故事後，總經理端起杯子，喝了一口咖啡，繼續說：「人常說知人知面不知心。生活中遭人設計的事到處可見，關鍵就看妳怎樣對待，如果妳終日耽於他們的這些手腳而鬆懈了自己的正事，那才叫失敗呢！」

郭進的故事給寶霞留下了深刻的印象，在以後的工作中她反覆告誡自己，要學會寬容別人。不久，她終於又找回了自己的自信，她不僅證明了自己的出色，而且也以她的寬容贏得了同事們的好感。經過這件事情以後，寶霞發

現了寬容的妙處。其實，寬容別人也就是在寬容自己。

現在她活得很快樂。用她自己的話說，她用她的寬容和忍耐，以及把別人的陷害看做是成就自己的想法，贏得了她想要的世界。

心理學家指出：適度的寬容，對於改善人際關係和身心健康都是有益的，它可以有效的防止事態擴大而加劇爭執，避免產生嚴重後果。大量事實證明，不會寬容別人，亦會殃及自身。過於苛求別人或苛求自己的人，必定處於緊張的心理狀態之中。由於內心的矛盾衝突或情緒危機難於解脫，極易導致身體內分泌功能失調，造成血壓升高、心跳加快、消化液分泌減少等，還常伴有頭暈、多夢失眠、倦怠無力、心緒煩亂等症狀。這些心理與生理的異常相互影響，形成惡性循環，而誘發疾病的發生。

青少年正處在生理和心理成長的特殊階段，敏感、衝動、缺乏理智，年輕人在一起學習、生活總少不了一些摩擦，而你推我一下，我罵你一句，只會使自己和別人都不好過。

缺乏寬容之心，會對一個人目前的學習生活，以及以後的人際交往，造成極其不利的影響。其具體表現在以下三點：

一是缺乏寬容之心的人，常常不被周圍的人接納。試想，有誰會願意每天和一個對別人的過錯和缺點耿耿於懷的人在一起呢？而缺乏同學之間的相互交流，不僅對學習不利，還會使人的心理蒙上陰影。

二是缺乏寬容之心的人，也很容易走上另一個極端——報復。因為不會寬容別人，而始終把他人對自己造成的傷害放在心上，耿耿於懷，進而產生報復心理。

三是缺乏寬容之心的人，通常都較為易怒、內向，缺少朋友，不受周圍人的歡迎，而之後會表現出自卑或自責。

因此，父母應該知道，對孩子的學習和生活來說，學會寬容是至關重要的。而要做到這點，就必須讓孩子懂得，在學習和生活中，如果有人冒犯了你，儘量不要生氣，不要因為他人的過錯懲罰別人。因為如果那樣做，受傷害的不只是對方，自己也會深受其害。

那麼，對於正處在身心急遽發展的孩子來說，要擁有一顆寬容的心，應該從哪些方面做起呢？

【建議一】以仁愛之心對待他人

在高中生的群體生活中，不可避免地會出現一些摩擦與爭執。同學之間難免會有誤解、嫉妒和背後議論等事情發生。如果一直耿耿於懷，睚眥必報，其結果必定會引來「以牙還牙」、「冤冤相報何時了」式的惡性循環。反之，如果懂得推己及人，體諒別人，「投之以桃」的話，別人多半也會「報之以李」，這就叫「禮尚往來」。

有人認為寬容是一種軟弱無能的表現，其實這是一種狹隘的認識。如果一味地報復，不僅不會使傷痛消失，反而會使雙方的矛盾加深。寬容絕不意味著無能和軟弱，恰恰相反，它需要極大的力量和勇氣才能做到，在寬容背後是一顆仁愛之心。

【建議二】對事不對人

對事不對人就是說，對錯事本身感到憤怒，而不是對做錯事的人感到憤怒。你可以對別人所做的不當、不義之事生氣，但不必對事主「恨之入骨」。不妨想一想：也許當時他的行為也是「事出有因」或有「難言之隱」。

還可以採取開誠布公的態度，直接指出對方的錯誤或不公，但不必耿耿於懷。如此一來便可以使你對人和事產生新的領悟。應該經常想到，對人生認識更深一層，我們的感情也會隨之而起變化。

【建議三】要有高遠的目標

一個人要克服狹隘，學會克制忍讓，容人所不能容，就要有高遠的人生目標，不為一時的得失所困擾。一個目光短淺、胸無大志的人自然做不到寬容。

一個人活在世上，就要充分地挖掘生命的潛能，為社會做貢獻，給別人、給後人留下點有價值的東西。一旦把日光放在大事上，一時的得失便算不上什麼，對整體、全局有利的人與事都能容納與接受，使眼光從狹隘的個人圈子裡放出去。拋開「以自我為中心」，才能做到「心底無私天地寬」。

【建議四】得饒人處且饒人

人生不如意之事十有八九，在發生不順心的事情，遭到誤解時，要採用心理放鬆的方式，在心裡對自己說「小事一樁」。只要對方不是存心加害，故意挑釁，得饒人處且饒人，能放手時則放手，不要緊抓著不放。即便是別人侵犯了自己的利益，也不要斤斤計較，耿耿於懷。

寬容造就非凡

美國第十六屆總統亞伯拉罕．林肯出身於一個鞋匠家庭，而當時的美國社會非常看重門第。林肯競選總統前夕，在參議院演說時，遭到了一個參議員的羞辱。

那位參議員說：「林肯先生，在你開始演講之前，我希望你記住你是一個鞋匠的兒子。」

「我非常感謝你使我想起我的父親，他已經過世了，我一定會永遠記住你的忠告，我知道我做總統無法像我父親做鞋匠做得那麼好。」

參議院陷入一陣沉默的氣氛裡，林肯轉頭對那個傲慢的參議員說：「就

我所知，我的父親以前也為你的家人做過鞋子，如果你的鞋子不合腳，我可以幫你修改它。雖然我不是個偉大的鞋匠，但我從小就跟隨父親學到了做鞋子的技術。」

然後，他又對所有的參議員說：「對參議院的任何人都一樣，如果你們穿的那雙鞋是我父親做的，而它們需要修理或調整，我一定盡可能幫忙。但是有一件事是可以肯定的，我無法像我父親那麼偉大，他的手藝是無人能比的。」說到這裡，林肯流下了眼淚，所有的嘲笑都化成了真誠的掌聲。後來，林肯如願以償地當上了美國總統。

愈是睿智的人，愈有寬容的胸襟，也就愈能造就非凡的成就。

「海納百川，有容乃大。」懂得包容別人，才能為自己留一片天地，做出一番事業。若一味怨恨別人，斤斤計較，那你的智慧只能消耗殆盡，最終一事無成。

江海不擇細流，故能成其大，泰山不捐土壤，故能成其高。寬容意味理解和通融，是融合人際關係的催化劑，是友誼之橋的黏著劑。寬容還能將敵

意化解為友誼。

一天中午，艾德蒙先生剛到門廳，就聽見樓上的臥室有輕微的響聲，那種響聲對於他來說太熟悉了，是阿馬提小提琴的聲音。

「有小偷！」艾德蒙先生急忙衝上樓，果然，一個大約十三歲的陌生少年正在那裡擺弄小提琴。他頭髮蓬亂，臉龐瘦削，不合身的外套裡面好像塞了某些東西，毫無疑問的小偷就是他。艾德蒙先生用結實的身軀擋住了門口。

這時，艾德蒙先生看見少年的眼裡充滿了惶恐和膽怯。那是一種非常絕望的眼神。剎那間，艾德蒙先生突然驚醒，憤怒的表情頓時被微笑所代替，他問道：「你是丹尼爾先生的外甥嗎？我是他的管家。前兩天，丹尼爾先生說你要來，沒想到你今天就來了！」

那個少年先是一愣，但很快就回應說：「我舅舅出門了嗎？我想先出去走走，待會兒再回來。」艾德蒙先生點點頭，然後問那位正準備將小提琴放下的少年，「你也喜歡拉小提琴嗎？」

「是的，但拉得不好。」少年回答。

「那為什麼不拿著琴去練習一下，我想丹尼爾先生一定很高興聽到你的琴聲。」他語氣平緩地說。少年疑惑地望了他一眼，但還是拿起了小提琴。臨出客廳時，少年突然看見牆上掛著一張艾德蒙先生在歌德大劇院演出的巨幅海報，身體猛然顫抖了一下，然後頭也不回地跑走了。

艾德蒙先生確信那位少年已經明白是怎麼一回事，因為沒有哪一位主人會用管家的照片來裝飾客廳。

那天黃昏，回到家的艾德蒙太太察覺到異常，忍不住問道：「親愛的，你心愛的小提琴壞了嗎？」

「哦，沒有，我把它送人了。」艾德蒙先生緩緩地說道。

「送人？怎麼可能！你把它當成了你生命中最重要的一部分。」艾德蒙太太有些不相信。

「親愛的，妳說的沒錯。但如果它能夠拯救一個迷途的靈魂，我情願這樣做。」

看見妻子並不明白他說的話，他就將經過告訴了她，然後問道：「妳覺

得這麼做有什麼不對嗎？」

「你是對的，希望你的行為真的能對這個孩子有所幫助。」妻子說。

三年後，在一次音樂大賽中，艾德蒙先生應邀擔任決賽評審。最後，一位叫里特的小提琴選手憑藉雄厚的實力奪得了第一名！比賽時，他一直覺得里特似曾相識，但又想不起在哪裡見過。

頒獎大會結束後，里特拿著一只小提琴匣子跑到艾德蒙先生的面前，臉色緋紅地問：「艾德蒙先生，您還記得我嗎？」

艾德蒙先生搖搖頭。「您曾經送過我一把小提琴，我一直珍藏著，直到了今天！」

里特熱淚盈眶地說：「那時候，幾乎每一個人都把我當成廢物，我也以為自己徹底完了，但是您讓我在貧窮和苦難中重新拾起了自尊，心中再次燃起了改變逆境的雄心壯志！今天，我可以無愧地將這把小提琴還給您了……」

里特含淚打開琴匣，艾德蒙先生一眼瞥見自己的那把阿馬提小提琴正靜靜地躺在裡面。他走上前緊緊地摟住了里特，三年前的那一幕頓時重現在艾德蒙先生的眼前，原來他就是「丹尼爾先生的外甥」！艾德蒙先生眼睛濕了，少年沒有讓他失望。

如果當年艾德蒙先生發現的只是一個「賊」，那小里特的命運又將如何。而我們在對待自己和他人的時候又何嘗不是如此。

諒解、寬容、忍耐是一種很偉大的精神。很多人在經歷了磨難之後才明白這個道理。

寬容能融化寒冬的冰雪，去除人心的隔閡。世上沒有天生的天才，只有寬容造就的天才。從小養成寬容的特質，學會對任何事都能付之於寬容大度的胸懷，而不是互不相讓、斤斤計較，我們就能在寬容中健康快樂地成長。

因此，在成長的過程中，我們要逐步培養這種人生大度的寬廣胸襟，這種對人生的寬容品格。因為，只有這些才能溶解所有的殘冰敗雪，使萬物煥發出新的生機。

那麼，一個孩子要擁有寬容的品格，需要從哪些方面做起呢？

【建議一】經常反省自己

變得更加寬容的第一步是照照鏡子，檢查自己的偏見。我們很難完全擺脫有些偏見或陳規的想法。大多數這些意識到的或沒有意識到的信念根深柢固在我們的心中。我們與它們可能會同時成長，並且在不斷的生活和行為處世中不知不覺地被其影響。所以我們要經常反省自己，檢查自己是否有心胸狹窄，不夠寬容的地方，進而在反省中提高和修正自己。

要學習去愛、去尊敬別人。你對他總懷有敬意，這樣就可以使他和你同樣感到快樂。

【建議二】理解父母的教養原則

那些花時間思考怎樣培養下一代的父母，之所以較能取得成功，是因為他們策劃了當好父母該做的事情。你也應該努力使自己明白他們的期望，這樣就更有可能接納他們的原則。

本來，我們是沒有生產能力的，我們的需求很自然要靠父母來滿足。可是今天的我們生活在一個多姿多彩的世界，隨著我們視野逐漸的寬廣，我們的慾望也變得更加強烈。而父母常不忍心拒絕我們的要求，想盡辦法滿足孩子。要不說以有限的精力、財力、時間去滿足我們永無休止、千變萬化的慾望幾乎是不可能的，況且，對我們的需求全都給予滿足其本身也是一種錯誤。過於遷就我們，等於促使我們養成隨心所欲、唯我獨尊的不良思想，勢必導致我們在日後邁入社會，進入實際學習、工作、交往中碰得頭破血流，甚而誤入歧途。

【建議三】換個角度看問題

學會從別人的角度看問題，並且承認對方有表達自己看法的權利。那麼，這不僅可以瞭解別人，贏得友誼，而且，會與別人有良好地溝通。

因此，不管什麼時候，我們都要學會從別人的角度來看待問題，把自己置於別人的位置，設身處地的站在別人的角度來思考問題。

在生活中，無論年紀多麼幼小，我們都應嘗試接觸不同種族、宗教、文化、性別、能力和信仰的人，並參與培養差異的項目，在校內、放學後、甚至在夏令營裡，對各種不同族群的人坦誠相待，這樣寬容心就會得到更高地昇華。

【建議四】從生活中吸取培養寬容的榜樣

學會寬容的最好方法是觀看和傾聽日常生活中的榜樣。只要你留心觀察，你的身邊經常會有寬容他人過錯的事情發生，父母、老師、同學都是你學習的榜樣。

7

以積極進取 增加成長的資本

任何人的成功都離不開腳踏實地的努力，離不開積極進取的實踐。我們必須牢記，進取心是一個人成功的起點，它能激發人的潛能，讓你愉快的完成「不可能」的任務，快速的接受突如其來的變化，寬容意想不到的冒犯，做好想做又不敢做的事，獲得他人所企望的發展機遇。

用自強不息去實現理想

「自強不息」是蔑視困難，頑強奮鬥的一種信念。一個人，哪怕是天縱奇才，如果自暴自棄也是無法成就大事業的。因此，對於那些立志要有一番作為的人來說，自強不息應該是他們必備的一種精神力量。

海倫剛出生時，是個正常的嬰孩，能看、能聽，也會咿呀學語。可是，一場疾病使她變成又瞎又聾的啞巴——那時她才十九個月大。

所幸的是，小海倫在黑暗的世界裡遇到了一位偉大的光明天使——安妮·沙莉文女士。沙莉文也是位有著不幸經歷的女性。她在十四歲時得了眼疾，幾乎失明。

後來，她被送到帕金斯盲人學校學習凸字和手語法，有幸成為海倫的家庭教師。

在沙莉文的教導下，海倫不僅學會了說話，還學會了用打字機著書和寫稿。她雖然是位盲人，但讀過的書卻比視力正常的人還多。而且，她著了七冊書，比正常人更會鑑賞音樂。

海倫的觸覺極為敏銳，只需用手指頭輕輕地放在對方的唇上，就能知道對方在說什麼；把手放在鋼琴、小提琴的木質部分，就能鑑賞音樂。她能借助於收音機和音箱的振動來辨明聲音，如果你和海倫．凱勒握過手，五年後你們再見面時，她也能憑著握手認出你來。

這個克服了常人無法克服的殘疾「造命人」，其事蹟在全世界引起了震驚和讚賞。她大學畢業那年，人們在聖路易博覽會上設立了「海倫．凱勒日」。

身為一個有三重殘廢的人，海倫．凱勒憑著她那堅忍不拔的毅力，終於戰勝自己，展現了自身價值。她雖然沒有發大財，也沒有成為政界偉人，但是，她所獲得的成就比任何富人、政客還要大。

第二次大戰後，她在歐洲、亞洲、非洲各地巡迴演講，喚起了社會大眾對身體殘疾者的注意，被《大英百科全書》稱頌為有史以來最有成就的殘疾人。

古人說得好：「天行健，君子以自強不息。」海倫的人生之路正是展現出這種自強不息的精神。其實，古今中外的歷史上又有哪一位成功者不是順著自強之路走過來的呢?自強不息正是歷史上所有有為者的共同特點。

艾柯卡是美國汽車業無以倫比的經商天才。他開始任職於福特汽車公司，由於其卓越的經營才能，使得自己的地位節節高升，直至做到了福特公司的總裁。

然而，就在他的事業如日中天的時候，福特公司的老闆——福特二世擔心自己的公司被艾柯卡控制，而解除了艾柯卡的職務並開除了他。

艾柯卡在離開福特公司之後，有很多家世界著名企業的創辦人都來拜訪艾柯卡，希望他能到自己創辦的公司工作，但都被艾柯卡婉言謝絕了。因為他心中有了一個目標，那就是：「從哪裡跌倒，就要從哪裡爬起來！」

他最終選擇了美國第三大汽車公司：克萊斯勒公司。他要向福特二世和所有人證明：自己的才能和福特二世的錯誤。

艾柯卡到克萊斯勒公司後，對面臨破產的克萊斯勒公司實行了大刀闊斧的改革，辭退了三十二個副總裁，關閉了幾個工廠，裁員和解雇的人員上千，進而節省了公司最大的一筆開支。

整頓後的企業規模雖然小了，但卻更精幹了。另一方面，艾柯卡仍然是用自己那雙與生俱來的慧眼，充分洞察人們的消費心理，把有限的資金都花在刀口上，根據市場需要，以最快的速度推出新型車，進而逐漸與福特、通用三分天下，創造了一個與「哥倫布發現新大陸」同樣震驚美國的神話。

長期以來，我們所受到的教育都是鼓勵人在困難的時候要義無反顧，要勇往直前。實際上當真正遇到挫折時，每個人的內心世界裡都本能地出現迷亂、緊張、不知所措，甚至絕望。而只有那些具備自強不息戰鬥精神的人才會趨向於成功。

自強是一種貫穿於連接每個個體與全民族息息相關的一種精神，是讓每個孩子的理想變成真實、實現自身價值的力量源泉。

那麼，培養孩子自強不息的性格，需要從哪些方面做起呢？

【建議一】建立起堅忍不拔的信念

有人說：「如果你懷疑自己是否能完成某件事情，那你真的就無法完成。」首先我們必須相信自己的能力，然後才能頑強地、不屈不撓地堅持到底。

一個住在美國的黑人孤兒，他的心中有很深的自卑感。一次，他對牧師說：「我想當醫生，但我是一個黑人，黑人是被人看不起的，我只是奴隸的後代。」

牧師馬上說：「你這樣想是不對的，黑人也有很優秀的地方。連你在內，所有美國黑人的血統都來自非洲，你們應該以你們的血統為榮，因為你們是在非洲所有的子孫中能生存下來的人。弱者在未離開非洲之前，就死在森林

裡或船上，留下來能夠生存的你們，有知識有才能，又有豐富的情感，這些都是生存的條件，所以在美國的黑人和其他種族一樣強壯和優秀，這種優秀的血統會一直延續下去的。」

從此，每當這個孤兒遇到困難的時候，他都會想起牧師的話，並以此來激勵自己不斷奮鬥，不論受過多少苦，經歷多少磨難，他從未再想到放棄理想。後來他透過自己的努力和智慧取得了醫學博士學位，成為一個非常優秀的醫生。

其實每個人都可以因自信而自強，因自強而實現自己的志向和理想。生活中，當遭遇挫折、陷入困境時，總有些青少年容易感歎世事不公，或者抱怨，或者等待。

然而也總有那麼一些人不會被境遇打垮，即使在最困難的時刻，他們都能相信自己、鼓勵自己，並積極樂觀地尋求解決問題的方法，迎接命運的挑戰。

最後，這些相信自己的人總能靠著自強不息的精神，讓希望之火重新燃

起。是金子總是要發光的。相信自己，奮鬥不止，我們每個人都將會發出奪目的光彩！

【建議二】拋棄依賴的個性，走向自主自立

在殘酷的現實面前，每個孩子都要學會勇敢地駕馭自己的命運，不要依賴他人。因為能夠充分發展自己潛能的，永遠都不是外援，而是自助；永遠都不是依賴，而是自立。

在生活中不少孩子在和父母玩象棋、撲克之類遊戲的時候，自己輸了便又哭又鬧，贏了則眉開眼笑、歡天喜地。所以有些父母在和孩子玩遊戲的時候，常常要故意輸給孩子，以便讓孩子獲得一時的滿足。

的確，對成年人來說，遊戲就是娛樂，只不過是生活中的點綴而已，並不是生活的全部。然而，對孩子來說，遊戲卻占據著他生活中的重要位置。很多時候，遊戲對孩子們的啟迪對於他們的身心成長起著很大的作用。

當父母故意輸給孩子的時候，有的孩子就認為真的是自己贏了，會變得興高采烈，時間長了這些孩子就會要求大人每次都要讓著自己。認為大人輸

是理所應當的事情。也就是說他們對大人產生了一種依賴感。

一旦產生了對大人的依賴感，就會使孩子面對困難時，缺乏戰而勝之的勇氣和信心，而是動搖，畏縮，最終逃脫不了懦夫的命運。有的孩子在長大成人走入社會以後，還可能會念念不忘連玩遊戲都讓著自己的家庭溫暖。在這樣的生活中哪怕是遇上小小的風浪，也會讓孩子總是想盡辦法躲進家裡這個「避風港」。

而且，父母的庇護不僅僅侷限於家裡，就是在孩子社會生活的各個方面，恐怕父母也為孩子營造了不少大大小小的「避風港」。結果就使得備受關照的孩子，離開這些「避風港」後，便無法生存下去。

如果父母想培養孩子自強不息的性格，那麼，平日裡在和孩子玩遊戲的時候，要拋棄那種頂多只是玩一玩的想法，去採取「六親不認」的競爭態度，要有意識地製造與孩子之間的對立關係，這樣才能鍛鍊孩子無論面對多麼嚴峻的時刻，也會毫不畏懼，信心十足地克服困難的意志。

【建議三】適應並努力改變逆境

很多有成就的人都不是一帆風順的，他們都經過困難的洗禮、危險的考驗，即便到了萬劫不復的境地，他們還是懂得逆境並不可怕，困難不是永遠，若是逃避就永遠也不能擺脫，但若平靜地接受和適應，逆境將不再是逆境，最終一切都將向光明的方向改變。

讓自己每天進步多一點

成功的動力源於擁有一個值得努力的目標和拋開自我，放眼尋求生命的真諦。胸懷大志的人所顯露出來的最大的一個顯著特徵，就是：他們勇於超越自我，全力以赴圓自己心中的夢。

讓自己每天進步多一點的人，每一分每一秒都活得很踏實，他們盡其所能享受、關懷、做事並付出。除了工作和賺錢以外，他們的人生還有其他意義。

進取心始於一份渴望。當你渴望實現夢想時，進取心便油然而生了。而當你堅信能改善自己的生活狀況時，進取心便能滋生茁壯。渴望是原動力，

當你想要一樣東西、想要做成一件事時，你心中便有一份力量，推動你去獲得、去進取、去追求。

進取之心，可以說是人類智慧的源泉，它猶如從一個人的靈魂裡高豎在這個世界上的天線，透過它可以不斷地接收和瞭解來自各方面的資訊，進而使自己變得更充實、更有力量。

當然，如果進取沒有利益，幾乎沒有人願意進取。但只有一時的進取卻很難見到成效，如果長期保有進取之心，必能有所作為。因此，衡量進取是否有利，應該從長遠的角度來看，不可因一時看不到明顯的利益而放棄進取。

事實上，確實有很多人，尤其是一些青少年，總是覺得如果不能馬上取得什麼明顯的效果，那麼乾脆就不做。比如男孩子鍛鍊身體，練習長跑等，總會因為無法看到明顯的效果而放棄，再比如女孩子為了美麗的身材而減肥，更有許多不能堅持到底就半途而廢。

其實，我們每個人都明白凡事都不可能一蹴而幾的道理，想進步固然是好的，但不能要求任何事都一次完成。每天完成一點點，每天也就距離理想、

目標更近一點點。

當今天的行動比昨天多一點，當每次的工作技能比上次的技能高一點時……這每一次增加的一點，就會取得成功倍增的效果。

進步，其實就是這樣得來的。如果我們每個人都能每次認真一點，每天進步一點，那麼假以時日，相信我們的明天與昨天相比定會有天壤之別。

有個學生為了學好英語，從高一開始背《新概念英語》第三冊的課文，每天背一點，就這樣堅持著，背到高三時，居然把整本書的課文都背完了。聯考進入大學後，他又持續背第四冊，依然是每天背一點，把第四冊又背得滾瓜爛熟。甚至熟到別人把其中任何一句說出來，他都能把上一句和下一句接下去，而且發音非常標準，因為他是模仿著ＣＤ來背的。

他所做的僅僅就只是這樣而已，不過他的英文卻達到了令人吃驚的水準。以致於後來他去了美國上大學時，教授誤認為他的文章是剽竊來的，因為文章寫得太好了！

其實，這就是每天努力一點點，每天就進步一點點的結果。量變的積累

固然讓人覺得很折磨人也很無奈，但到達質變的那一刻時卻是悄然無息而又讓人興奮不已的。

進取的人生永遠都只能是一步一步地來，因此，進取的人生很艱難。但每天進步一點點，並不需要多大的努力，不需要太多的付出和辛苦，因此，進取的人生其實也很容易。

但不要輕視這一點點，正是這一點點組成了一個個飛躍；更不要放棄這一點點，正是這一點點，讓我們的人生獲得了數不清的益處。

每天進步多一點，有利於每個青少年的成才與事業的發展。進取者勤奮學習，即使起初的能力不強，但經過長期的磨練，便可逐步建立起比別人多一點點的優勢。畏縮者不努力學習，不但難以成才，也註定無法成就大業。

許多成功者出身貧寒之家，基礎相當薄弱，但有一顆寶貴的進取心，經過長期的、日復一日的努力學習，最終成為了非常傑出的人才。

班傑明·佛蘭克林是美國歷史上最具有影響力的偉人之一。作為科學家、作家、外交家、發明家、畫家、哲學家的佛蘭克林博學多才，他自修法文，西班牙文、義大利文、拉丁文，並引導美國走上獨立之路。

佛蘭克林在年輕時就非常勤奮，他發明了一種勤奮向上的方法，首先列出獲得成功必不可少的十三個條件：節制、沉默、秩序、果斷，節儉、勤奮、誠懇，公正、中庸、清潔、平靜、純潔和謙遜；然後，佛蘭克林決心獲得這十三種美德，並養成每天堅持學習的習慣；為此，他設計了一個成功記錄表，每一項美德占去一頁，畫好格子，每天晚上反省時若發現有當天未達到的地方，就用筆作個記號。久而久之，這種每天進步一點點的習慣使佛蘭克林走向了成功。

每天進步多一點，還有利於我們保持旺盛的精力，維持我們的健康。因為進取既能讓人充滿信心，又能活躍神經，一時對健康的好處或許不大，但每天進步一點，長期積累下來，對於心理的健康則十分有利。因為進取能讓人自信、活躍，這些都有利於保持旺盛的精力。悲觀消極使人自卑、精神不振、健康狀態下降，進而降低我們的精力、瓦解我們的鬥志。

每天進步多一點的好處是各個方面的，雖然不能在一時就完全顯露出來，

但長此以往，進取者必定能受益匪淺。因此，進取之心是我們每個青少年都能擁有的一筆用之不盡的財富；是我們的生命之輪能夠不斷前進的動力；是滋潤著我們生命和心靈永遠不會走向衰老的青春之泉。

那麼，讓孩子每天進步一點點，要從哪些方面做起呢？

【建議一】養成按計劃做事的好習慣

德國人非常注意做事的計劃性，在子女教育問題上，他們也是十分注重引導孩子做事講究計劃。同時，他們也非常樂意提供自己的計劃讓孩子參考。即把自己的計劃告訴孩子，並且徵求孩子的意見，讓孩子幫忙計劃。

比如，在週末的清晨，父母可以這樣對孩子說：「今天我想好好安排我們的生活，吃完早飯後，我們到公園去看花，然後回來吃午飯，午飯後你小睡一會，一點鐘我們去少年宮學畫畫，三點我帶你去海洋館，回來後，你要寫一篇一天的見聞，你覺得這樣安排好不好？」

這種計劃安排的示範不僅可以幫助孩子理解計劃的重要性，而且，他也能夠學著去安排自己的事情。如果孩子對父母的計劃提出了疑問或者孩子有了計劃的意識後，那麼，父母就可以讓孩子來安排、計劃一下了。

比如，一家人有老有小，在週末的時候去公園遊玩，孩子往往會喜歡玩一些新奇刺激的活動，像碰碰車什麼的。於是，可以讓孩子將一些活動，如划船、拍照、玩碰碰車、釣魚，按先後次序和時間長短來安排，既要照顧大家，也要考慮個人的喜好。如果孩子安排得合理，就按照孩子的安排去做。如果安排得不合理，就要跟孩子講清為什麼。

這種親身體驗的鍛鍊最能培養孩子做事有計劃的習慣。對於孩子自己的事情，父母更應該讓孩子自己來安排和計劃，這樣孩子才能夠更好地遵守自己的計劃。

【建議二】拋棄自負心理

真正有助於孩子成長和成熟的是自信，而脫離實際的自負不但不能幫助他們成就事業，反而會影響到他們的學習、生活和人際交往，情況嚴重時還會損害人的身心健康。所以，對於父母來說，一定要幫助孩子及早拋棄自負心理，用一種客觀、理智的態度去面對學習和生活。

父母可以透過以下四種辦法，讓孩子拋棄自負的錯誤思想，樹立正確的心態。

一、能夠正確的認識和接受別人的批評

要想克服自負心理，首先就應該拋棄固執己見、唯我獨尊的錯誤態度。在面對別人的批評時，要理智冷靜，不要把批評認為是對自己的人格褻瀆和自尊的損害，而應該就事論事地分析和對待這些批評，對正確的批評要欣然地接受，這樣就可改變自負的心理。

二、與別人平等相處

自負的人往往認為自己高人一等，在與人交往時，也會不自覺地俯視別人，這對於拓展自己的人際交往範圍十分不利。

要想改變自負心態，就要讓孩子懂得以平等的占與周圍的同學相處。在人際交往上也應該多投入熱情和真誠，拋棄強硬和虛假，這樣才有利於良好的人際關係的樹立。

三、全面正確地認識自我和他人

幫助孩子在認識和評價自我時要全面客觀，不能只看優點，不看缺點，也不能誇大優點，掩飾缺點。

認識自我不能孤立，而應該走進團體裡，與其他同學做一下對比，如此才能明確自己的能力究竟如何。需要注意的是，在與別人進行對比時，不能拿自己的優點與別人的缺點作對比，更不能為了突顯自己而把別人看得一無是處，這樣才能真實地評價自己。

四、不要因為過去的成績而沾沾自喜

有些孩子的自負心理源於自己過去所取得的成績。輝煌的過去固然可以證明一個人具有很強的能力，但那並不能代表他在現在仍然可以贏得勝利，更不預示著將來。要幫助孩子學會用一種發展的觀點看待自己，既要為過去的成功而讚美自己，又要正確地看待現在和將來，不驕不躁、踏踏實實地學習和生活，為贏得現在和將來而努力。

【建議三】樂於回答孩子的問題

孩子是有好奇心的，對他們經常提出的許多問題，父母都應予以回答。孩子有時提出的各種問題，是令人厭煩的，並且解答起來也很費事。然而，做父母的絕不可拒絕或者逃避孩子的提問。

由於是孩子，所問的內容必定有不合邏輯的東西。但是我們仔細想一想，大人的知識其實也不外乎是些可笑的東西，所以不論孩子提出什麼問題，絕不應嘲笑。不但不能嘲笑，而且應該親切地予以回答。你一嘲笑他，他就會因害羞而不再提問了。

提問是孩子獲取知識的嚮導，應充分地利用它向孩子傳授知識。若遇到自己不懂的問題，可以問問別人，也可以經過研究之後再給予解答。

【建議四】不間斷地鼓勵孩子

培養孩子每天進步一點點的信心是需要一個不間斷的過程，當父母看到孩子因不斷成功而樹立起信心時，千萬不能以為大功告成，此時更要不斷的鼓勵孩子，鞏固其自信心。孩子只有在不斷的鼓勵中，透過自己不斷的努力來實現自己的理想。

如果父母經常挑剔孩子，孩子剛形成的自信很快就會消失。

讓孩子每天有所進步是需要不斷地鼓勵的。在這個過程當中，父母要注意：第一，不要諷刺孩子，以免孩子受到不同程度的打擊；第二，不要過分讚揚孩子，以免孩子產生驕傲的情緒。只有隨時的、恰當的鼓勵，才能使孩子不斷的提高自己。

勇於開拓進取

開拓是進取的主要方法，缺乏開拓，就難以實現進取的目的。在人生的道路上只有不斷向前探索，做一名開拓者，才能有所突破，取得更大的成就。而要做到勇於開拓，首先必須要敢於冒險、敢於嘗試。

在生活和工作中，也許我們幾番嘗試，最終也不見得就會取得成功，但是如果我們不鼓足勇氣去嘗試，那就永遠沒有成功的機會。

羅馬納·巴紐埃洛斯是一位墨西哥女孩，她十六歲就結婚了。在兩年當中她生了兩個兒子，丈夫不久後離家出走，羅馬納只好獨自支撐家庭。但是，她決心謀求一種令她自己及兩個兒子感到體面和自豪的生活。

她帶著一塊普通披巾包起全部家產，跨過里奧蘭德河，在德克薩斯州的埃爾帕索安頓下來，並在一家洗衣店工作，一天僅賺一美元，但她從沒忘記過自己的夢想，即是：要在貧困的陰影中，創建一種受人尊敬的生活。於是，口袋裡只有七美元的她，帶著兩個兒子搭著公共汽車來到洛杉磯尋求更好的發展。

她開始做洗碗的工作，後來找到什麼工作就做什麼工作。拼命攢錢直到存了四百美元後，便和她的姨媽共同買下一家擁有一台烙餅機及一台烙小玉米餅機的店。

她與姨媽共同製作的玉米餅很受人們的歡迎，後來還開了幾家分店。不久，她經營的小玉米餅店鋪成為全國最大的墨西哥食品批發商，擁有員工三百多人。

她和兩個兒子在經濟上有了保障之後，這位勇敢的年輕婦女便將精力轉移到提高她美籍墨西哥同胞的地位上。「我們需要自己的銀行」，她想。

後來，巴紐埃洛斯便和朋友在洛杉磯創建了「泛美國民銀行」。這家銀

行主要是專為美籍墨西哥人所居住的社區做服務。

可是，當她到社區銷售股票時卻遇到另外一個麻煩，她的同胞不解地問道：「你怎麼可能辦得起銀行呢？我們已經努力了十幾年，總是失敗，你知道嗎？墨西哥人不是做銀行家的料呀！」

也有人嘲笑她：「不要做這種事。美籍墨西哥人不可能創辦自己的銀行，你們沒有資格創辦一家銀行，同時也永遠不會成功。」

面對冷嘲熱諷，她心有不甘地說：「雖然說沒有任何一個美籍墨西哥人能夠在美國創辦銀行，但我為什麼就不能大膽地嘗試一下呢？」

因為人們的不信任，她一開始就嘗到了失敗的滋味，但她並沒有因此就放棄自己的目標，她繼續努力，堅持不懈，最後她成功了。如今，她創辦的「泛美國民銀行」的資產已增長到兩千兩百多萬美元。

巴紐埃洛斯取得巨大成功的故事在洛杉磯早已經被傳為佳話。後來她的簽名出現在無數的美國貨幣上，她也由此成為美國第三十四任財政部長。

德國心理學家霍爾曼說：「任何困難都會向勇於開拓的進取者低頭。」

巴紐埃洛斯便是一個這樣的勇於開拓的進取者，雖然她自己很貧窮，生活很困苦，但卻不甘心讓孩子因此而得不到富裕的生活，繼續貧窮下去。她渴望讓孩子接受最好的教育，渴望讓孩子脫離貧苦的生活，出人頭地。

也許有人會說這僅僅是母愛的表現，但這絕不是普通的母愛，而是將自己的希望、夢想、對美好人生的追逐都融入其中，帶有開拓進取精神的母愛！若非如此，她又怎麼能坐上美國財政部長的位置，為家庭的發展開闢出一片新天地呢？

很多青少年，總是抱怨上天不賦予自己成功的機會，感慨命運如此捉弄自己。其實機會就在我們身邊，只是因為我們害怕困難和挑戰而自行放棄了，而這些機會一旦喪失，就很難重新擁有，這也正是那些怯懦軟弱者總是無法成功的原因。

很多時候，只要我們積極地嘗試過、努力過，縱然沒有取得成功，但我們畢竟擁有過為了目標而奮鬥的經驗，而且我們的精神意志也會在不斷的嘗試過程中逐漸得到鍛鍊和提升。

時代是在不斷飛速發展的，我們的青少年在工作、學習、生活中，要有不斷地推陳出新。沒有推陳出新，世界就不會日新月異，不會發展前進。而人也只有生活在充滿新意的環境中，才能有所發明、有所創造、有所作為。

我們的青少年若想擁有一個輝煌的人生，就要不斷進取，只有進取才能給人帶來發展，只有進取才能讓人更加自信，只有進取才能讓人生的希望不再渺茫，只有進取才能得到上司的賞識和支持，進而讓自己走上新的台階。而想要進取，就必須不斷地拼搏奮鬥，必須付出常人所不願意付出的辛勞，必須腳步不停、踏踏實實地向前走。

然而，現在的一些青少年，卻瞧不起那些認真學習、勤懇工作的人，覺得那樣太愚蠢，太無能了。他們覺得那是一種過時的行為，人只要有聰明的頭腦就夠了。

通常這樣的人，眼光都很高，但結果卻是大事做不了，小事又不屑於去做。處於眼高手低的狀況，卻不肯虛心學習，腳踏實地的工作。然而，沒有腳踏實地的態度，勤奮的行動又怎麼可能進取，怎麼可能開拓呢？

在人的一生當中，我們常會陷入困境，當「山窮水盡疑無路」時，你是止步不前、坐以待斃，還是尋尋覓覓，為自己重新開疆拓土，尋找出路呢？答案只有一個：你必須開拓進取，出路才會出現！

開拓進取是一種滋補劑，它是世界上最好的精神良藥。一個人如果期待著自己的偉業，並且相信能夠成就這番偉業，就應該及早展現出自己的開拓進取的勇氣，在前行的道路上可能會遇到讓我們灰心失望的失敗，但那只是暫時性的，勝利最終會握在手中。

那麼，從小培養孩子開拓進取的良好心態，應該從哪些方面著手做起呢？

【建議一】不要害怕冒險，不要害怕嘗試

只有敢於嘗試的人，才能給自己多一次成功的機會。人生需要有試一試的勇氣！

好奇是孩子進行創造活動的動力，好奇心愈強，想像力愈豐富，創造性就愈高。孩子通常對許多事情都感到好奇，凡事都想弄個明白，他們是無所

畏懼的，他們喜歡冒險，做危險的遊戲，並能從中獲得樂趣。父母不要壓抑孩子的探索活動，而應該引導孩子大膽的去想，允許他們創造性地嘗試。

事實上，孩子們在探索活動中得到的不僅是樂趣，還有思維和能力的發展，創造力的發展。美國幼兒教育就非常注重讓孩子們在各種冒險活動中去體驗各種情境，探索新奇的世界。

在日常生活中，父母可以根據孩子的年齡大小和生活環境，經常利用節假日帶領孩子多接觸各種新鮮事物。認識的事物越多，想像的基礎就越寬廣，就越有可能觸發新的靈感，產生新的想法。那種只想把孩子關在家裡，只想讓孩子寫字、畫畫的方法，只會把孩子培養成書呆子，絕不可能培養成有開拓進取精神的人。

【建議二】正確對待孩子各式各樣的提問

在孩子的天性中，有一種求知的慾望，他們心中有著無數個「為什麼」，想瞭解這個奇妙世界的本來面目。提問就是一種思考和鑽研，是具有探索意識的表現。孩子從會說話起，就開始會提問。由於年幼，所提的問題往往十

分荒唐，有的可能無法回答，但不管問得怎樣，說明孩子是在思考和探索。如果成人用習以為常的姿態和不以為然的態度來對待，孩子的這種求知衝動就會被逐漸扼殺。

因此，作為父母，應該心平氣和地、認真地對待孩子的各種問題，不能因為有的問題顯得太幼稚而置之不理，是要有意識地引導孩子，保護好孩子的好奇心，鼓勵孩子積極思考，對孩子的提問表現出自己的興趣，與孩子一起去思考，去尋求未知的答案，這樣，孩子提問的慾望就會不斷增強。

【建議三】多角度思考問題

天才往往善於從他人想不到的角度去思考問題，發現他人沒有發現的辦事角度。達．文西認為，為了獲得有關某個問題的構成知識，首先要學會如何從許多不同的角度重新構建這個問題。他發現自己看待某個問題的第一種角度太偏向於自己看待事物的一般方式，他就會不停地從這一個角度轉向另一個角度，重新構建這個問題。隨著視角的轉換而對事物從不同角度進行理解，進而理解得更加深入，最終抓住了事物的本質。

事實上，多角度思考是一種發散性思維。科學家哈定說：「所有創造性的思想家都是幻想家，而幻想主要是靠發散性思維。」確實，發散性思維是突破原有的知識圈，從一個點向四面八方擴散，沿著不同方向、不同角度進行思考的方法，它是透過知識、觀念的重新組合，找出更多更新的可能的答案、設想或解決辦法。

在生活中，父母可以加強對孩子進行發散性思維的訓練。而經常性地培養發散性思維，能夠使他們學會從多角度來思考問題，進而提高創造力。

【建議四】走近大自然

經常帶孩子到大自然中去玩，去學習，一方面可以讓孩子感覺大自然的美，另一方面，大自然能教給孩子無窮無盡的知識，啟發孩子的好奇心，並激發孩子創造性思維。

一分耕耘，一分收穫

生存就像種莊稼，種瓜得瓜，種豆得豆，有幾分耕耘就有幾分收穫。一個害怕吃苦、不辛勤耕耘的人，必然是一事無成的。原因是世界上沒有任何一件事是可以不勞而獲的。要做成任何一件事，都會有困難，都會有艱辛。只是困難的大小不同、艱辛的程度不一。

有一次，一家報社的記者採訪諾貝爾獎得主丁肇中教授。

記者問：「美國大學要讀四年，研究生還要讀五至六年，才能取得博士學位，據說您總共只用了五年左右的時間，是嗎？」

丁肇中教授答：「確實是這樣。在那樣困難的逆境中讀書，就得用功。」

記者又問：「您取得成功的祕訣是什麼？」

丁肇中教授說：「成功的祕訣只有三個字：勤、智、趣。」

這裡的「勤」指的就是勤奮。丁肇中教授認為獲得成功的第一個祕訣就是勤奮。中學時代的丁肇中就是一個以勤奮學習而出名的學生。讀大學後，無論是在哪裡，他都是以勤奮向學而聞名。

你今天是什麼樣子，取決於你昨天的努力，你昨天做了什麼，取決於你前天的實力，你前天的實力，取決於你大前天想做什麼，你大前天想做什麼，取決於你內心潛意識裡需要什麼。而一個人在需求時都有離不開他個人過往的成長經歷和他現實所處的環境，但更重要的是取決於自己的勤奮程度。

勤，就是惜時如金，分秒必爭，毫不放鬆。奮，就是精神振奮，不畏艱難，奮然前行。勤奮是力量的源泉，是捕捉機遇的基礎，是邁向理想的金橋，是攀登高峰的雲梯。

一個人的進取與成材，環境、機遇、天賦、學識等外部因素固然重要，但更重要的是依賴於自身的勤奮與努力。缺少勤奮的精神，即使是天資奇佳的雄鷹也只能空振雙翅；有了勤奮的精神，哪怕是行動遲緩的蝸牛也能雄踞塔頂。

一個孩子掌握知識的多與少，完全取決於他的勤奮程度，因此，對於望子成龍、望女成鳳的父母來說，從小就要注重培養孩子勤奮學習的習慣。

那麼，培養孩子勤奮不輟的良好品格，要從哪些方面做起呢？

【建議一】循循善誘

孩子的意志和毅力總是不如成人，為了讓孩子養成勤奮的習慣，父母不妨採用循循善誘的辦法——有步驟地引導孩子去學習。

父母在對孩子進行循循善誘時要注意幾個問題：

一是注意培養孩子在學習方面的基本功。

二是要注意適時教育，引導孩子勤奮學習要抓住孩子有學習慾望的時候。

三是要注意適量，孩子畢竟是孩子，不要以成人的標準去要求孩子，不能越過孩子所能承受的範圍。

四是父母態度要平和，引導孩子勤奮學習應該懷有一種平常心，不要急於求成，否則效果會適得其反。

【建議二】透過勞動促使孩子勤奮

勤奮不僅表現在學習，更表現在工作和勞動上。當孩子走入社會後，他的勤奮就直接表現在工作中。因此，父母要從小就透過勞動來培養孩子勤奮工作的好習慣。

首先，父母要樹立勤奮工作的榜樣，許多時候，父母會做一些艱辛的工作，例如在非常惡劣的環境中，長時間地從事體力的勞動，如做一些又髒又累的工作等。如果父母咬緊牙關，認真地去做這些事，孩子也會學到父母的這種勤奮。

其次，父母可以在家庭中設立勞動服務的觀念，比如拖地、收拾自己的房間、洗碗、倒垃圾等。

同時，告訴孩子要零用錢就得透過自己的勞動去爭取，如果孩子想要更多的零用錢，他就得透過自己勤勞的雙手去做家事。這樣做的目的就是讓孩

子懂得，只有努力工作才可以有收穫，懶惰的人是什麼也得不到的。這樣，等孩子長大後，他就能夠勤奮地工作了。

【建議三】用立志激勵孩子勤奮

在現實生活中，每一個父母都應及時發現孩子的志向，幫助孩子明確自己的志向，然後指導孩子樹立志向，並為實現志向而不斷努力。

俗話說：「有志者事竟成。」如果孩子樹立了遠大的志向，他就能夠用這個志向去激勵自己勤奮，進而實現自己的志向。

【建議四】引導孩子的好勝心

每個孩子都有或多或少的好勝心理，希望自己是優秀的。健康的「好勝」和「競爭」的心理可以促進孩子全面健康的發展，使孩子變得更勤奮。

在孩子的生活和學習中，適當地激發孩子的好勝心，可以讓孩子更加勤奮向著自己的目標前進，並把自己的潛力發揮出來。

※為保障您的權益，每一項資料請務必確實填寫，謝謝！

姓名		性別	□男　□女
生日	年　月　日	年齡	
住宅地址	郵遞區號□□□		
行動電話		E-mail	

學歷

□國小　□國中　□高中、高職　□專科、大學以上　□其他______

職業

□學生　□軍　□公　□教　□工　□商　□金融業
□資訊業　□服務業　□傳播業　□出版業　□自由業　□其他______

謝謝您購買 父母也會犯錯：好孩子不是罵出來的！ 與我們一起分享讀完本書後的心得。務必留下您的基本資料及電子信箱，使用我們準備的免郵回函寄回，我們每月將抽出一百名回函讀者，寄出精美禮物以及享有生日當月購書優惠！想知道更多更即時的消息，歡迎加入"永續圖書粉絲團"

您也可以使用以下傳真電話或是掃描圖檔寄回本公司電子信箱，謝謝！

傳真電話：（02）8647-3660　　電子信箱：yungjiuh@ms45.hinet.net

●請針對下列各項目為本書打分數，由高至低5～1分。

	5 4 3 2 1		5 4 3 2 1
1.內容題材	□□□□□	2.編排設計	□□□□□
3.封面設計	□□□□□	4.文字品質	□□□□□
5.圖片品質	□□□□□	6.裝訂印刷	□□□□□

●您購買此書的地點及店名______

●您為何會購買本書？

□被文案吸引　□喜歡封面設計　□親友推薦　□喜歡作者
□網站介紹　□其他______

●您認為什麼因素會影響您購買書籍的慾望？

□價格，並且合理定價是______　□內容文字有足夠吸引力
□作者的知名度　□是否為暢銷書籍　□封面設計、插、漫畫

●請寫下您對編輯部的期望及建議：

廣　告　回　信
基隆郵局登記證
基隆廣字第200132號

221-03

新北市汐止區大同路三段194號9樓之1

傳真電話：（02）8647-3660

E-mail：yungjiuh@ms45.hinet.net

培育

文化事業有限公司

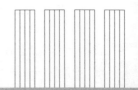

讀者專用回函

父母也會犯錯：

好孩子不是罵出來的！

培 養 文 化 育 智 心 靈 的 好 選 擇